JN206261

少女だった私に起きた、電車のなかでのすべてについて

佐々木くみ／エマニュエル・アルノー

イースト・プレス

少女だった私に起きた、電車のなかでのすべてについて

CONTENTS

カバーイラスト
中村桃子

本文イラスト
佐々木くみ

ブックデザイン
albireo

DTP
小林寛子

はじめに

エマニュエル・アルノー

本作は現在フランスに住む佐々木くみが、10年以上前に日本の電車の中で遭った痴漢被害の体験をもとに書かれた小説であり、２０１７年にフランスにて出版された。

この小説が書かれることになった始まりは、３年ほど前に知り合った佐々木くみからの、どうしても話したいことがあるとの連絡であった。くみに会ってみると、非常に話を切り出しにくそうにしており、少し震えているようにも見えた。そして今までずっと心の中に溜めてきた彼女の経験を初めて多くの人に伝えようと決心し、その経験を小説にできないだろうかと相談を受けた。

くみから聞いたのは、日本での痴漢の経験が彼女の人生や考え方をいかに変えてしまったのかという話だ。

私は以前、日本に1年ほど住んでいて、その時に路上に立ててあった「痴漢に注意」という看板や、女性専用車両を目にすることはあったが、痴漢という行為が具体的にどういうものなのかを考えたこともなかった。だから、くみから被害の詳細を聞いた時は本当に困惑し、信じられないくらい恐ろしいことだと感じた。フランスにも、もちろん電車内での性的ハラスメントや性暴力は存在し、その被害に人生で一度は遭った経験がある女性も少なくはない。だが、くみのように、長期間にわたって日常的に被害に遭うという話はフランスでもほとんど聞いたことがなかった。

フランスでは公共の交通機関内での性暴力といえば、強姦（ごうかん）が最もメディアでは取り上げられる。日常的に起きているわけではないが日本と比べると被害件数は多い。これらは身体的な暴力として扱われ、日本の痴漢のようなものは身体的に傷害を負わないために、どちらかというと犯罪としては軽く見られる場合が多い。

だが、性犯罪においては精神的な被害についても同様に深刻な問題である。精神的な被害というのは、恐怖だけでなく、日常的につきまとう不安や罪悪感、孤独や犯人が捕まっていないことへの憤りの感情が何年にもわたって続き、絶望へと向かってしまうことである。このような精神的な被害を抱えた女性は多くいるにもかかわらず、それがメディアで取り上げられることはほとんどない。考えられる理由としては、精神的な被害は身体的なものほど直接的で明白な痕跡があるわけでもなく、必ずしも犯行の最中や直後に表れるわけではないからだ。

くみの話を聞いて、小説という形態ならそのような被害者の内面を描写することができ、より多くの人に理解してもらえるのではないかと感じた。小説だからこそ、人々の目には見えない真実、違った見方をして初めて見えてくる真実を描くことができると思った。

そのような理由から、今回この本を書くことに決めた。そして、一人称を少女である「私」にすることにした。それからは、くみが語ったことをメモして、どうしてもよくわからないことは絵や写真で説明してもらいながら理解しようとした。くみに話を聞くときは、起こった出来事だけでなく、そこで何が見えていたか、聞こえたかなどを質問をしながら詳細を理解するよう努めた。この詳細が当時のくみに起きたことを読者にさまざまな角度からより強い印象を与えることができるだろう。

12歳の少女の語り口調が不自然にならないように、彼女の内面を描くというのがかなり難しく、何度もくみと話し合い、何とか最初の章を書き終えた。くみに読んでもらったところ、当時の心情が詳細に反映されていると納得してもらえ、最後まで書く決意をした。くみが私に説明する際に使った絵を挿絵に使うことになり、フランスの読者により理解されやすくなった。この本がフランスで出版された頃は、ちょうど世界的に#ＭｅＴｏｏが盛んであり、女性の性被害に対する意識が高まっているなかであったため非常に大きな反響となった。今回この小説を日本で出版することになり、フランスの読者とはまた違ったものの見方をするであろう日本の読者の反応にとても興味を持っている。

痴漢の存在、つまり、どうして痴漢というものがあるのかについては、この本では被害者の視点からのみ描いているために言及はしていない。人が性犯罪者になることについての研究は主に精神科学においていくつかなされている。しかし痴漢の場合は少し特殊で、加害者になる人物の特徴というのは非常にさまざまであるそう

だ。痴漢の現象がどうして起こるのか理由がわからないからこそ、撲滅させること
も難しい。このことについては巻末で解説を書いてくれた斉藤章佳先生の研究が非
常に理解に役立つであろう。
　また、この本は小説であることから、ここに書かれている内容に真実味があるの
かと疑問に思う声があったが、痴漢の被害の実態についてはすべて、くみの口から
語られた事実であり、一切の誇張や虚偽はないことを理解していただきたい。

邦訳
はじめに

プロローグ

私はクミ。33歳で、パリのリュクサンブール公園の近くに住んでいる。

私は日本人だけど、フランス語やパティスリー、モードを学ぶためにフランスに来たわけではない。私には、自分の国を去りたい理由があった。

その理由こそが、今あなたが手にしているこの小さな本で私が話したいことだ。この話を始めるにあたって、私が12歳と2カ月24日だった日まで遡(さかのぼ)らなくてはならない…。

始まる前にもう一つ。普通、「痴漢」をアルファベットで表記すると「ｃｈｉｋａｎ」である。しかし、フランス語読みだとこの表記では「シカン」になってしまう。単なる音の問題とはいえ、私にとっては、人生を狂わせたと言っても過言ではない言葉である。だから、フランスで出版した本のタイトルは、原語どおり「チカン」と読んでもらえる「ＴＣＨＩＫＡＮ」にした。

第一章

6月の朝、山手線で

11歳のとき、両親と弟と4年住んだ香港(ホンコン)から日本に帰った。世界中に支店を持つ、日本のある大企業グループの幹部だった父の赴任で香港に暮らしていたのだ。

香港は楽しかった。

香港での生活は、穏やかで安全だった。それでいて私のまわりはエキゾチックで変わっていた。日本に比べたらもちろん多少カオスだったが、私は香港の、規律とジャングルのコントラストが気に入っていた。今はいい思い出しか残っていない。

最初は、香港に住みたくなかった。というのも、香港では日本語が通じないだけでなく、人さらいや悪い人がたくさんいる、と両親から教わったからだ。弟と私は、外にいるときは日本にいるときよりずっと気をつけていないといけないし、家を出たらママの手をいつもしっかり握っていないといけない、と言われた。

その頃、私は7歳、弟は5歳。そう言われたことはとてもよく覚えている。

でも、香港日本人小学校に転入すると、香港の生活もそんなに悪くないと思うようになった。香港の日本人小学校はマンモス校で、１０００人以上の生徒がいた。生徒は日本各地から香港に来ていて、なかにはほかの国から来た子もいた。一人ひとり違っていて、そんな学校だから自然にみんなオープンな性格になった。東京で私が住んでいた地区の子たちとはかなり違っていた。学期が終わるごとにクラスの10人以上が転出し、新学期になると同じくらい入ってきた。この入れ替わりに慣れていたので、新しく来た転入生にはみんないつも優しかった。

私たちが住んでいたマンションは山に差しかかったところにあり、香港の街の中心部から車で約15分。香港島の高層ビルの夜景を堪能できる観光スポットからそう遠くなかった。マンションからは、広い芝生に囲まれた香港大学のアール・デコ様式の古い建物が見えて、

香港の生活は楽しかった。とても活気があって、異国情緒にあふれていた。
繁茂する自然の中に、数えきれないほどの高層タワーがにょきにょきと生えていた…

とてもきれいだった。

熱帯性の自然の中に、コロニアル様式の建物と超高層ビルが入り組んだ景色をながめるのが好きだったし、天井が高くてキラキラした高級ホテルも好きだった（香港では通っていた小学校も含めて一般的にトイレがものすごく汚かったので、清潔で安心して使えるトイレがあるのも大きな理由だった）。香港の美食も好きだった。両親が食通で、みんなでよくレストランに出かけた。

香港での私の一日は、7時ぴったりに始まる。急いで着替えてコーンフレークを流し込み、5分離れたバス停まで母と歩いて行く。スクールバスが7時半過ぎに到着し、8時に学校に着く。そこから学校の授業が始まり、15時頃に学校が終わると、またスクールバスがバス停まで送ってくれて、母か、近所のお母さんと一緒に家まで帰った。

なぜ香港での生活をこれほど細かく書くのかというと、香港の日常生活は最初から最後まで、両親や周囲の大人の目が行き届いていたことを知ってもらいたいからだ。

香港から帰国して、私は東京での生活が香港とはかなり違うことに気づいた。日本では毎朝6、7歳の小さな子どもたちが学校まで歩いて行く。集団登校する場合もあるが、そこには同じ地区に住む年上の子どもたちが付き添うだけだ。午後の早い時間には、また同じようにして家に帰る。やろうと思えば、年上の子どもたちから離れてひとりで帰ることもできるのだ！（フランスでは、12歳頃までは必ず校門まで親が付き添わないといけないのはご承知のとおりだが）。

なぜ、こんなに違うのだろう？　それは、日本は安全な国だからだ。

統計的にも、日本は世界でも犯罪率が最も低い国のひとつである。

中学に進学する頃、私は「世界で最も安全な国」に戻ることになった。日本に帰るずっと前から、親に言われて一生懸命に中学入試に向けて受験勉強をしていた。日本では、よい中学校に行くことはとても重要で、その後の学歴にも大きく影響し、つまり人生を左右する出来事なのだ、と両親から何度も聞かされた。

そんなわけで、日本に戻って受験勉強の仕上げをして、受かったのは、東京都心の私立校。女子校で、カトリックの中高一貫校だった（フランスにはもうだいぶ前から男女共学しかないが、日本にはまだ多くの男子校・女子校が存在している）。両親は合格の知らせを聞いて喜んだ。当時の私には確認のしようもなかったが、地元の公立中学は「荒れている」と評判になるほどひどい状況だと、これも再三聞かされていたので、志望していた学校に受かったとわかり、ともかくすごくホッとしたのを覚えている。

フランスでは9月から新学期だが、日本では学校は4月から始まる。3月生まれの私は、幼稚園以来ずっと学年で一、二を争う小さい生徒で、初めて登校して教室に入ったときに気づいたのもそのことだった。というより、「中学校にもなると、随分大人っぽい子もいるな」と思った。

私が通っていた私立校では、中学以降、学期中にたった一度しか大きな試験は存在しない。そう、定期試験のことだ。中学の最初の定期試験は6月に行われる予定で、新入生にとっては特に重要だ。最初の定期試験の成績が、その後の1年に強く影響するからだ。同時に、この初めての定期試験は特にストレスが溜まるものだと言われた。ただ、私は定期試験が何のための試験なのかすら、よく理解していなかった。

そして、その最初の定期試験の日、私は12歳と2カ月24日だった。

朝、私は少し緊張していた。初めての定期試験があるからというだけでなく、4月の入学式以来、ほとんど学校に行っていなかったからだ。中学に入学した数日後に、私は感染症の病気にかかった。発疹の痕が恥ずかしくて、1カ月の間、学校を休んでいたのだ。

その結果、授業で後れを取り、ほかの生徒たちから孤立しているのを感じた。小さくて虚弱でおとなしく、もともと社交的ではない私が5月に学校に戻ったときには、みんなすでに仲良しの友達グループを作っていたのだ。

定期試験の日、私は目を覚まして、部屋に明るい朝日が差し込んでいるのを見た。気持ちもとても明るくなる。根拠はないけど、試験もきっとうまくいくだろうと思った。

私は小さな部屋で素早く着替えた。フランスでは学校に制服なんて存在しないが、当時、日本では、多くの中学校に制服があった。私の学校のような私立は特に、である。

蝶ネクタイにも似た深紅のリボンを襟元に付けた白いブラウスに、紺色の長いワンピースを着る。その丈はふくらはぎまであり、首まわりは丸い。ワンピースと同じ布地で作られた紺色のベルトを締め、今フランスで少し流行っている白い三つ折り靴下に、黒いローファーを履く。

試験に向けて気合いを入れようと、髪はポニーテールにして、レースがついた白いリボンを結ぶ。このリボンは、母からのプレゼントで、私のお気に入りだ。持ち物はすべて鞄にしまう。背中に背負うのではなく、手で持つ形の、昔風の茶色い鞄だ。

最後に、その年の6月初旬はとても暑く、カーディガンもジャケットも着なかったことを覚えておいてほしい。これらのディテールが、重要な意味を持つ。

つまり、これが6月の朝、私がしていた格好だ。

なぜ、外見をこれだけ細かく記すのかって？

その頃は当然知らなかったのだが、私の格好はいちいち痴漢が探し求めているタイプの少女のそれだったのだ。

着替えると、母が待っているキッチンへ行って朝食をとる。コーンフレークとミルクを

私は140cmで痩せ型、中学に持って行く鞄はいつもとても重く感じられる。
この中に、4~6冊の教科書やノート、お弁当、そして体育の授業用の体操着を入れていた

食べ、急いで家を出る。学校に行くには約50分かかり、ぐずぐずしている時間はない。1回乗り換えで、2本の電車にそれぞれほぼ15分乗り、校舎までさらに10分ほど歩く。

フランスの読者にとっては、この時間は長く感じられるかもしれない。特に、12歳の少女の通学時間としては。しかし、このくらいの通学時間は、東京の私立に通う中学生にとって、特別なことではない。

私が乗る2本目の電車は、都心部を囲む山手線（やまのてせん）だ。都市の構造的にはフランスのペリフェリック（環状線道路）と少し

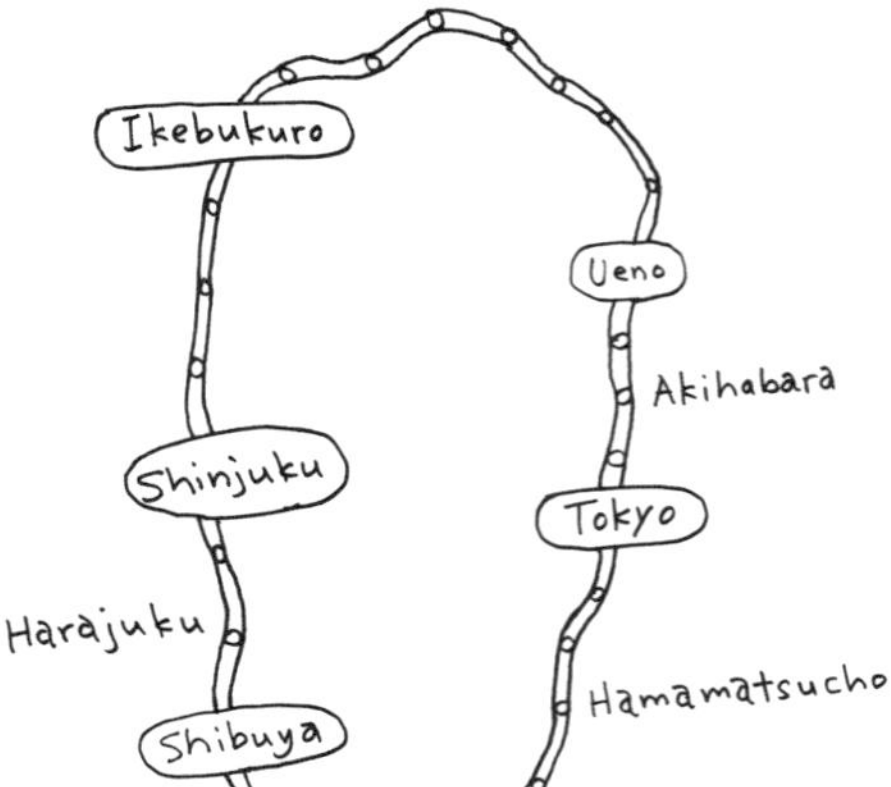

東京の鉄道環状線である山手線と、主な駅。山手線の内側面積は約63㎢である

ラッシュアワー時の山手線

似ていて、路線図がぐるりと輪になっている。

山手線にはS駅で乗る。私が降りるT駅までは6駅ある。T駅のふたつ前にB駅があり、この駅では多くの乗客が乗降する。

私が山手線に乗り込む7時半頃、S駅にはたくさんの人がいる。車両内で、人々はお互いに積み重なるようになっていて、みんな動くことができない。さらに、そのうち一定数は、私のような吊り革に届かないほど背の低い中学生を含め、車両の中で何かにつかまることができない。お互いに押し合いながら、やっとのことでバランスを保つ。これがいわゆるラッシュアワーである。

初めての定期試験の日、S駅で電車に流れ込む乗客のせいで、私はすぐに車両内のよくない場所に押しやられてしまった。車両の真ん中で、つかまることができる棒からは離れ過ぎている。何にもつかまらずにひとりでバランスを保って立っているのは難しく、これまでも何度もよろけたり隣の人に倒れかかってしまったことがある。話したとおり、片手には重くてかさばる鞄も持っていなくてはならない。

私のまわりは大人ばかり、主に仕事へ行く男性だ。私は12歳で、身長は約１４０cm、同じ年の日本人女児の平均身長より10cm低い。日本の成人男性の平均身長は１７０cm、彼らに囲まれた私の視界はとても限られている。私に見えるのは、仕事へ行くこの男性たちの背中か胸、せいぜい顎くらいである。

私の後ろにいるのは、暗い色のスーツをまとい、ネクタイを締めた勤め人だ。私たちは背中合わせで立ち、ほとんどお互いにくっついて、顔は見えない。

車両内はとても混んでいて、たった数cm離れた真正面には、別の男性がいる。とても背が高く、１８０cmはある。顔を上げようとしなければ、彼のベージュ色のセーターの上のほうしか見えない。

男性は痩せている。ビジネスマンではないだろう。スーツにネクタイではないからだ。40歳から50歳の間だろうか、あまり髪の毛が多くないと思った。片手に大きなポーチを抱えている。

この状況で、早くこの移動が終わらないかと思う以外、私は特に何も考えていなかった。それにしても、息が詰まるようだ。想像してみてほしい。あなたが膝をついて、まわりに立っている人たちがどんどん近づいてきて、ついにあなたに触れるところまで近づき、そして全方位から押してくる。あなたは動くことができず、あなたの上にある日の光も見ることができない。そう、これが私の今の状況だ。

さらに、この瞬間に私が聞いている唯一の音といえば、走る電車の物音だ。それと電車が止まる各駅の名前を繰り返す、モノトーンな車内放送。これらの無感情な音が、さらに私を、ほかの世界すべてから孤立したような気分にさせる。

そんな中、いまや正面の男性はぴったりと私にくっついて、電車が揺れるとポーチを抱える手の甲が、私の胸に触れそうになる。といっても、私はまだこの年で胸のふくらみは

『この人、
私をさわってるの?』

なく、ブラジャーもしていないのだが。

不意に、私は何か奇妙な感じを覚えた。

男性は自分の上半身あたりで、ポーチを片手で抱えていた。その手の親指は外側、つまり真向かいにいる私に向かって突き出されていて、ちょうどその高さにある私の胸のあたりを小さく円を描くようになぞり始めたように思えたのだ。

「ように」と言ったのは、初め、私は自分の勘違いに違いないと思ったからだ。この人の親指が動き回るのは、電車の揺れによるものだろうと思ったのだ。

いや、違う。

その動きはやまず、数十秒が経つ頃には、この動きは完全に意図してやっていると思わざるを得なくなった。この男性がなぜそんなことをするのかわからず戸惑いながらも、その親指が私の胸の上を動き、少しずつ私の胸を押しているのを感じた。

私はあえて顔を上げて彼を見ようとはしなかった。明らかに、車両内の誰も、このことには気づいていない。私でさえ最初は気づかなかったほどのわずかな動きで、ただでさえ周囲に無関心に見えるほかの乗客が気づくとは思えなかった。周囲で聞こえる唯一の音は、相変わらず電車の音だけだ。

状況が飲み込め始めても、私はどのように反応したらいいかわからず、途方にくれた。この男性が何をしているのかわからないし、なぜしているのかもわからない。そう、このとき、目の前のこの人が痴漢だということすら、まだ知らなかったのだ。

日本の電車の中をうろつき、ターゲットを襲う捕食者たち。これまで誰も、私にこのことを教えてくれた人はいなかった。痴漢という言葉自体は知っていたので、一度か二度、テレビで痴漢について話すのを聞いたことがあったかもしれないが、これまでの私にとっては、それは何か理論上のものであり、私自身が出会うなどとは考えもしなかった。ましてや、痴漢は性的魅力のある大人の女性を襲うのであって、子どもである自分とは別の世界の話だった。

けれど、今この瞬間に私を触っているこの男性は、胸ばかりを触ってくる。つまり、明らかに性的な目的に違いない。ということは、もしかして、これこそがあの「痴漢」なのではないか!? と突然思い至った。でも、なぜ胸もない、ブラジャーすらつけていないほんの子どもに…? 理解不能な状況に混乱しつつも、生まれて初めて自分が性的なターゲットになっていることがわかった途端、言いようのない恐怖が私を襲った。

その間にも痴漢は体勢を変え、私の上に覆いかぶさるようにしてきた。

怖くて、動くことができなかった。体が硬直し、恐怖の感情とか触られている感触とか、一瞬、石のように何も感じなくなったような気がした。が、悪夢は続いていた。親指が私の胸の上をなぞり続けるのは、もはやはっきりと感じる。しかも、親指はほんの少しずつ首のほうへ上ってきた。理解不能なこの男性は、これ以上いったい何をしようというのか。私はパニックに陥った。

永遠にも感じられる2分ののち、車両から降りる乗客たちの動きを利用して、痴漢はさらに私にくっついてきた。痴漢のもう片方の何も持っていない手が私の背中のほうから首の後ろに近づき、襟から出ている私の首の肌に直接触れた。おぞましく、気持ち悪い、と一瞬、意識の表面のほうで感じるが、その感情を追究する余裕はなく、恐怖に固まったまま状況に耐えるのに精いっぱいだ。その指は私のブラウスの襟に向かい、襟首の中に入り、肌に触れると、さらに襟の中へ入り込もうと圧迫があったが、諦めて出て行った。襟の部分でブロックされたのだろう。ホッとする間もなく、

今度は私の背中を制服越しに触り、ワンピースを触り、次に腰あたりまで下りていき、お尻も触った。

私はその間ずっと動けず、立像のように凍りつき、口がきけず、乗客の大群の真ん中で、わけがわからなくなっていた。激しい恐怖で震えてすらいたと思う。

今や痴漢は私を囲い込み、ほとんど抱き締め、電車がどう動こうとも、ぴったりとくっついている。痴漢の２本目の手が、常に私が痴漢に密着するように後ろから抱いていたからだ。

私たちのまわりには、相変わらず本当にたくさんの人がいて、それなのに誰も、私に何が起こっているのかまったく気づいていないように見える。私の後ろに立っていた男性もまだ降りていなかったが、先ほどから動かず、私のほうを向いていないから気づかないのだろう。初めは私も気づかないほどの痴漢行為がどんどんエスカレートして、よくこんなことを車内で、と思うほどあからさまで大胆な行為が続いて気が遠くなりそうでも、誰も何も言わず、阻止する人もいなかった。制服姿の中学生の襟から指を入れたり、腕を背中に回して抱き締めたりしている中年男性を、周囲の乗客は誰も目撃していなかったのだろうか。痴漢があまりにきつく抱き締めるので、私は周囲にいるほかの人たちが何をしているのかも判別できなかった。判別する余裕もなかった。

痴漢は約9分の間、私の胸を、同時に背中やお尻を絶えず触り続けた。だが電車がB駅に到着すると、痴漢はパッと私を解放したかと思うと、何事もなかったようにほかの乗客に紛れて降りて行った。

最後まで、痴漢の顔を見ることはなかった。

魔法のように、突然、私は空（す）いた車両に立っていた。

乗客のほとんどはB駅で降りたのだ。私も、あと2駅で降りなければならない。

まだ、痴漢の指のおぞましい感触を、虫が這（は）い続けているように服や首に感じていた。

まだ、痴漢の忌まわしい存在を、澱（よど）みきった空気が粘着してくるように私のまわりに感じていた。

ぞっとするような身体の感覚を、追い払うことができなかった。

まわりにはたくさんの人がいたけれど、私はここにいる誰も知らないし、
誰も、私が今、痴漢の被害を受けたことを知らない。私はひとりで震えていた…

それはどす黒い染みのようだった。

痴漢が触ったことで、服が汚染され、首の後ろ側には、ぬぐってもぬぐい去れない不潔な痴漢の手汗が残っているのを感じた。寒くないのに震えが止まらなかった。

数分後にやっと学校の最寄りのT駅で降りたとき、私は頭の中が真っ白だった。感覚が麻痺（まひ）したように何も感じなかった。

何か恐ろしいものが、私の身体の中に広がっていき、永遠に消すことができないような気がした。

第二章

母

電車から降りたあと、私の膝はまだ震えが止まらなかった。

ガクガクしてつまずきそうになりながら機械的に学校への道を歩いた。まわりには、同時に駅を出たダークカラーのスーツにネクタイをした会社員がたくさんいる。なかには、さっきの痴漢のように街着を着ている人もいる。都市の風景は、この道を通るたびに見るのと同じものだ。

でも今朝は、何か違う。そこにあるのは私が知っている普段の世界なのに。いつもと変わらない風景の後ろに、これまで想像すらしたことのない恐ろしく異常なことがたくさん隠されているのを感じた。

そもそも、さっきのことは「異常」なできごとなのだろうか？

私は歩きながら、同時に同じ学校へ向かう生徒たちを一瞥もしなかった。もしかしたら同じクラスの子が何人かいて、私を見つけていたかもしれない。でも、私はまるで影のようだっただろう。

自分に起きたことを、まだ信じられなかった。山手線、つまり、日本中で最も利用されている電車に痴漢がいるということなのだろうか？

これを、フランスの読者のためにもう少しわかりやすく解説する。

フランスで言えば、毎朝7時～9時の間に、RER A線に露出狂が横行しているようなものだ。信じてもらえるだろうか？　仮にそうだとして、もしあなたが12歳なら、このひどい状況のRER A線に乗る前に、誰かが注意してくれるはずではないだろうか？

私の場合は、誰も教えてくれなかった。いくら記憶を探っても、何もなかった。

今、私は33歳で、このような警告は確かにどこにもなかったことを知っている。12歳までにふれる雑誌にも、テレビにも、教室でも、両親の口からも。

何も知らない小さな新中学一年生は、痴漢にゆだねられる。何もわからないまま、不意打ちを食らうのだ。

私は、学校へ行く途中で立ち止まった。
人生で初めて、自分が男性にとって性的なターゲットになったことに思い至ったのだ。
いや、男性ではない。痴漢にとってだ！
私は身震いした。私はまだ12歳になったばかりなのだ！
小さいし、まだ何もかも子どもなのに！

ふと我に返って私は腕時計を見た。あと30分で、中学校で初めての定期試験が始まる。
急がなきゃ。

学校の正門に入りながら、何人かの友達に会った。だが、ついさっき何が起こったかは言わなかった。キャーキャー騒いだり噂話(うわさ)にされるのが怖かったのだ。口をつぐんだまま教室の自分の机に鞄を置くとすぐに職員室へ向かい、授業開始時間が始まる前に担任の先生に話しに行った。その間もずっと膝はガクガクしたままだった。

田中先生は60歳くらいの小柄な女性で、私たちにとってはおばあさんのような存在だった。職員室の入り口で田中先生を呼び出したとき、先生は少し驚いたような心配そうな表情でやってきた。朝、学校に着いた直後、それも試験の直前に、私がこんなふうに先生のところへ来たのをおかしいと思ったに違いない。私は普段、教室でも一番おとなしい生徒のひとりだったから、ひとりで職員室に行くなんて、それまでしたことがなかった。

田中先生と私は、風の吹く廊下で向き合った。私は先生に、何が起こったかすべて話し、その間、１秒も震えが止まらなかった。先生の顔はますます心配そうに曇り、定期的に「まぁ！」と小さな声を出した。

話し終わると、先生は、私がそれでも試験を受けられるか、それとも保健室で少し休みたいか訊（たず）ねた。先生の声はとても優しく、心から心配してくれているのを感じて気持ちがとても楽になった。

この話を知っているのがひとりじゃなくなり、私はようやく少し安心した。

正直、まだ震えで呂律（ろれつ）も回らないような状況だったが、保健室で休んだら試験を受けるのが遅くなったり、みんなが終わって帰ったあとも残って試験を受けさせられたりするか

『つまり、定期試験というのは、これまで習ってきたことを覚えてないといけないのか…!』試験の問題を見て、やっと定期試験の意味を理解したのだ

もしれないと不安になり、このまま試験を受けられる、と田中先生に言った。少なくとも、このまま怖さを引きずっているより気分転換になるかもしれない、とも思った。

試験が終わり、午前中の終わりに学校を出た。3時間も筆記試験に集中したせいで少し疲れていたが、朝、電車の中で起こったことは少し薄まったような気がした。

駅までの帰り道、友達たちが試験についてたくさん質問してきた。私は何もなかったかのように普通に答え、帰り道はとても楽しかった。

山手線で再びひとりになったのに気づいたときも、怖いとすら思わなかった。車両が今朝のものと同じでも、お昼過ぎの暖かい光が車両内を横切り、しかもこの時間は乗客がとても少なかったのだ。

家に近づきながら、私の心はまた穏やかになっていた。できるだけ早く、私に起きたすべてを母に話そうと決めたからだ。

母は、昔ながらの日本の主婦である。大学卒業後、結婚する前に数年勤めていたそうだが、結婚後は専業主婦で、私と弟の教育に力を注いでいた。母は頭がよく、小さなことでちょっと反抗しようものなら論理的に言い負かされるのが常だった。だから母が言うことには、ほとんど絶対的な信頼を置いていた。

この時間、家にいるのは母ひとりだ。誰にも聞かれずすべてを話すには理想的なタイミングだ。


帰路をたどりながら、私は初めて生理について母と話したときのことを思い出していた。初めて、母が私に生理のことを話したとき、母は、このことは女性たちの間のトップシークレットだと私に教えた。特に男性たちには決して話してはならず、そこには弟と父も含まれていた。

母はまた、生理は歴史上で常に穢れた悪いものだと捉えられてきたことも教えてくれた。例えば、かつて生理中の女性たちは神社に入ることができず、また神聖な神輿に触ることもできなかったと話した。

今日でも、決して生理について話しちゃだめ。はしたないし、とても恥ずかしいこと。きちんとした教育をされた女の子は、そんなことを話すなんてもってのほか…。

私たちの家は郊外型の一戸建てで、東京の閑静な住宅地に位置していた。私がインターホンを鳴らすと、母が応える。それから、母が入り口を開けてくれる。

インターホンを鳴らしたとき、母はキッチンで昼食の支度をしていた。ドアを開けた母は、キッチンからそのまま来た感じだった。母は身長150㎝で、日本人女性の中でもあまり背が高いほうではないが、それでも当時の私より高かった。私と同じように痩せていて、髪は短く、肩までで、卵型の顔に髪はもともと茶色く、白い肌もすべて私と同じだ。「お母さんそっくりね」とよく言われていた。

その日の母は、シンプルなTシャツと、ロングスカート姿だった。オレンジ色のエプロ

「ただいま」
そして、私は靴を脱ぎ始めた…

ンには、薔薇(ばら)模様の大きな半円形のポケットがあった。このエプロンは裁縫が得意な母の手作りだった。

日本では、家に帰るとまず靴を脱ぐ。ドアを開けると、家のほかの部分より地面が少し低くなっている小さなエントランスホールがある。この場所を「玄関」という。ここには通常、靴を入れるための靴箱が置いてある。そして、家の中で使う家族みんなのスリッパが、玄関の縁に並んで待っている。

母は、ドアを開けにきて、そのまますぐ私の隣に立っていた。私は玄関で、靴を脱いでいるところだ。これが、私が選んだタイミングだった。

「ただいま」

これは、帰宅したときに言う言葉だ。

「おかえり」

と、母が答える。

「今日、どうだった？」

「試験はちょっと難しかったけど、まぁまぁかな。そうだ、そういえば、今朝、電車で痴漢に遭った」


このとき、私の声のトーンはどちらかと言うと明るく、なにげないような言い方だったと思う。自分の気持ちをどう表したらいいのかわからなかったのと、母をあまり心配させたくないと思ったのだ。

もし、これが「今朝、小学校の男子と言い争いをした」という話題であっても、きっと同じトーンで話していただろうというくらい、軽く言った。


「まぁ…！」と母は言った。

それでも、母にはショックだったのだろう。日本語では、一般的に少し驚いたり困ったりしたときに「まぁ！」と言う。母は、この「まぁ！」をとても頻繁に言う。例えば最近も、33歳の私が母に、書類の原版を持っていくのを忘れたためにパリの警察署で滞在許可証の更新ができなかったと話したときも、母は「まぁ！」と言った。

また、母はよくハンドバッグの中で物をなくすが、そんなとき、いつも「まぁ！」と言っている。

私が、何が起こったかをもう少し詳細まで話そうとした、そのとき…。

「あなたも悪いのよ、わかってる？　大体、あなたは不用心だから…。あなた、一度、体育の授業のあとに、友達みんながあなたの下着が変わっていてセクシーって言った、って言ってたわよね。あなたがそう言ったとき、そんなふうに見られて嬉しがっているように見えたわよ。それはいいことじゃないの。そういう態度が男の人を無意識にでも惹きつけるのかもしれないわよ。これからはもっと用心しなさい！」

最悪だ。

しばらく呆気（あっけ）に取られてから、状況を理解した。母は私に対して怒り始めたのだ！

これは、本当に予想していないことだった。

私が期待していたのは、「大丈夫なの？　大変だったわね。どんなことされたの？」というような言葉だった。

友達たちが私の下着を「独特」だと言ったのは、誰もそんな下着を身につけていないからで、しかもそれは母が選んだ下着だった。

その下着は、スリップやロングキャミソールと呼ばれるタイプのもので、フランスの子ども服サイトでは「コンビネット」と呼ばれている。大人の女性ならときどき身につけるかもしれないが、私の歳の女の子は普通はそんなもの身につけない。

母はいつも、このようなスリップか、ペチコートを身につけなさいと言っていた。風が吹いてスカートがめくれ上がったときにパンツしか穿（は）いていなかったら、みんなにパンツ

「見て!　クミがまたセクシーなの着てるよ!」
「こんなの着てる人、ほかに見たことないよね!」
「髪も茶色くて、くるくるしてるし、本当にフランス人形みたい!」

が見えてしまうからだと言う。その結果がこれで、更衣室でみんなが注目したのだった。

私は急いでスリッパに足を入れて、ひとりになるために自分の部屋へ逃げた。このときになって、私は自分が空元気に振る舞い過ぎたと気づいた。だが、母に自分は見せかけほど大丈夫ではないのだと言うにはもう遅かった。

あの話をしたとき、私は母の目を見ていなかった。母に話しかけたときに、靴を脱いでいる瞬間を選んだのは偶然ではない。私が靴を脱ぐ行為のほうに集中しているように見せかけることができるし、そうすれば、痴漢という言葉を発するときに母を見ない、いい言い訳にもなる。

痴漢という言葉を、母の前で、今までの人生で一度も発したことはなかった。実際、朝とは比べものにならないほど落ち着いていたつもりだったが、その話をしようと口を開いた瞬間、急に心臓が速くなり、胸がどきどきした。とても正面から母の目を見て話せる状態ではなかったのだ。

だから、今朝の話をしたとき、母が心配そうな顔をしたのかどうか、わからない。私が母のほうを見たのは、次の瞬間、母が「あなたも悪いのよ…」と言ったときだった。私を責める母の顔は、母が普段、私を怒るときと同じ顔だった。

母を見た瞬間の私は、呆然としていた。しかし、そもそも私は普段から感情をあまり表に出さない子どもだったから、母には無表情に見えたかもしれない。

ともかく、母は独白を続け、そして、男性たちを惹きつけるのは私の態度だと結論づけた…。

私は、少し距離をおいて捉え始めていた今朝のおぞましい嫌な気分が、さらにマイナスな度合いを増して鮮やかに蘇(よみがえ)ったような気持ちになった。

それ以来、母の言葉が頭から離れなかった。ほんの短い会話だったが、私は母のメッセージを理解した。

痴漢が私を狙ったのは、私のせいなのだ。

こんな目に遭わないように、自分が気をつけていなければならない。自分が悪いせいで被害に遭っても、母からは怒られるだけだ。嫌な目に遭ったうえに大好きな母から怒られるなんて、なんてつらいんだろう。このことは、もう決して母には話さないでおこう。そうすれば、少なくとも怒られることはもうない。

第三章

私は誰かの敵？

数週間後の月曜日、7時35分。私は乗り換えのT駅で山手線の車両に乗り込んだ。前回と同様混み合っていて、つまり、いつもの朝だった。

次の瞬間、私は後ろから乗り込んできたほかの乗客たちに強く押された。その結果、私と向かい合うように立っていた、ダークカラーのスーツにネクタイの男性に押しつけられた。

その体勢でドアが閉まったとき、スカートの左腿（もも）あたりに誰かの手が伸びてきたのを感じた。この男性の手だ。今や私は、こういうことがわかるようになっていた。今日は、一瞬の隙に、この痴漢の顔をちらっと見た。50代で、髪がほとんどない男性だった。

次に男は私のスカートの上から、ちょうどお尻の真下に当たるところに手を当てて固定

私は、お尻のあたりに空気が当たって
すぅすぅするのを感じた。
普通はスカートがあるので、すぅすぅなんてしないところだ。
こいつはいったい、私のスカートに何してるんだろう？

させ、器用に指だけを動かしながらほんの少しずつスカートをたくし上げ、スカートの下の左腿をじかに触った（スリップやペチコートもスカートと一緒にたくし上げられてしまった）。この動作は、痴漢の常套手段だと今や私も学んでいた。まるで、痴漢がみんな一緒に同じ特別な学校で学んだかのように同じ動作をした。

男の指は、今、腿からパンツのところまで上り、お尻と太腿の境目に沿ったゴムの部分を少しの間なぞっていた。そこは下着をつけていないむき出しの肌とパンツの布の境界線の部分だったが、その後、不意にその指がパンツの中へ入ってきた。

もし、これが初めの頃に起こっていたら。もし、初めて遭った１８０㎝の痴漢が指をパンツの中へ入れたがっていたら、恐怖に固まって動けない状況で抵抗できなかっただろう。だが、その後、もう何度も痴漢に遭った最近なら、恐怖心があっても、反射的に何か反応をしていたと思う。このような状況をその後、何度も繰り返した今にして思えば、このとき私が少し動いたら、事態はそこで止まっただろう。

しかし、今日は、違った。母との会話からずっとよく眠れていなかったし、この数週間で、朝、ほかの痴漢にも遭うことに気づいていた。いまやS駅で車両に乗り込むと、「ほら、また誰かの手がまさぐり始めた」と観察するほど、ある種、冷静な自分をも見出していた。そして今日は特に、大きな絶望と無力感に襲われていた。昨晩あまりよく寝られなかったし、疲れていて、私は普段よりさらに無気力だった。動く気すら起きず、されるままにした。いずれにしてもここは公共の場で、何十人ものほかの乗客に囲まれている。

痴漢はというと、荒い息をして、この状況にとても興奮しているようだった。勝手に興奮され、私はむしろ、より冷静になった。痴漢の手はパンツの中の私のお尻を撫(な)で続け、少しずつ、その指がお尻の割れ目に近づいていった。それからとてもゆっくり下のほうへ下り、一瞬ためらったのち、一本の指が私の性器に触れた。

私は唖然とした。信じられない。ここで、車両の中で、今、これだけの乗客たちの間で、そこまで触れるとは。

幸い、それは一瞬しか続かなかった。一度私の性器に触れると、敏捷な蜘蛛のように、痴漢は素早く指を引いた。これで終わった。それ以上はもう何もなかった。次の駅に着いて、痴漢は急いで降りて行った。

今思えば、興奮した女性器に触るとでも期待していたのだろうか？　私はまだほとんど子どもなのに…。あるいは痴漢はズボンの中で射精し、それで急に手を引っ込めたのか？　今となってはそんなふうに思う。

だが、あの瞬間、私はそんな疑問さえ浮かばなかった。その頃、性的なことについての私の知識は非常に限られていたからだ。この点では、中学校のほかの生徒より私は少し遅れていた。

母が私に言ったことは書いたとおりだ。その反応の仕方を見れば、母が私にセックスについて決して何も教えなかったことが想像できるだろう。

今日もまた、私の後ろにいる男性は傘を持って来ている。外はこんなに天気がいいし、降水確率もゼロと言っていたのに！　みんな、天気予報を見ていないのかな？

母は私の前でその言葉を発することもなかった。それに、当時は今ほど幅広い分野で百科事典のように使えるインターネットもなかった。

山手線の車両で、12歳の私はよく、傘を持って私の後ろに立つ人がとても多いと思っていた。おかしいな、なぜ、みんなこんなお天気がいいのに傘を持っているんだろう？　と思っていたのだ。

よく覚えていることがある。その年の5月の初めのことだ。「子どもを作るには、お母さんがお父さんと一緒にお風呂に入ればいいんでしょ？」と私は友達に言ったのだ。当時の私はそれくらい無知だった。

勃起については、小学校の6年生で教わった。

しかし、授業は理論的過ぎて、ほとんど絵もなく、授業内容と自分の生活している現実とを結び付けることは到底不可能だった。

それに、日本では性器を表現することに慎重だ。アダルトビデオの中でさえ、男性器にも女性器にもすべてモザイクがかけられている！　当時はそんなものに触れることさえなかったが、これらの媒体から学ぶこともできない状況だった。私のように何も知らない12歳の女子中学生が、誰からも何も教わらず、男子と離れて生活し、家族の中でもそのような状況だとしたら、セックスについて何がわかると言うのだろう？

＊

ある朝、学校に着いたとき、みんなが隣のクラスのトモコのまわりに集まって何やら騒いでいた。田中先生が来てみんなを席に戻らせる前に、私もトモコに近づいた。

トモコのスカートの後ろに白く染みがついているのが見えた。スカートの布に、ゼラチンの小さなかたまりがくっついているようだった。

もちろん、私は何かわからなかった。

ある土曜日、お昼ご飯に、弟と両親と一緒に、家から歩いて15分ほどのところにある小さなお鮨屋さんに出かけた。カウンター席にみんなで並んで座って、板前さんがすぐ目の前に立って鮨を握っていた。

私たちの隣には一組の男女がいた。50代くらいの男性と、40代くらいの女性だった。2人はお酒を飲んで、職人と話しながら食事を楽しんでいた。

一目見て、その女性は男性の奥さんではないかもしれない、となんとなく思った。女性は、バーなどで働いている雰囲気で、少し派手だった。髪が明るい茶色で、当時、そのくらいの年齢の女性にしては珍しいと思った。

私たちはいつものように食事をしていた。弟が昨日、学校でしてきたいたずらのことを話しだし、私も面白くなって、子どもっぽい悪ふざけを家でするときに弟を笑わせる顔をした。

そのとき、カウンターの中の板前さんが急に大きな声を出した。

えっ、私のことなの…？
私は若いコじゃない、
まだ子どもなのに

「お嬢ちゃん、大丈夫？　味噌（みそ）汁、熱すぎたかな？　ごめんね！」

板前さんが私たちの会話を聞いているなんて夢にも思わなかったので、こんなふうに言われて私はびっくりした。しかも、板前さんは隣の男女と話をしている最中で、私たちに背中を向けていたはずなのだ。

味噌汁はとてもおいしかった。私は、恥ずかしくなって、小さな声で「大丈夫です」と言った。

その瞬間、派手な感じの女性が大きな声で言った。

「まあまあ、男は！　若い娘（こ）にはいっつも優しいんだから！」

私はその女性のほうを見た。とても意地悪そうな表情だった。ディズニーのリトル・マーメイドに出てくる魔女のようだ。

しかし、この人はいったい何を言っているんだろう？　若い娘？　誰？　私？　私は12歳で、まだ子どもなのに！

怖かったのは、これを言いながら、この女性が私に投げかけた視線だった。視線の意味はよくわからなかったが、顔を歪(ゆが)めてにらむように笑いかけるような表情でこちらを見たので、背筋が寒くなった。

それからしばらく、そっとこの女性の表情を観察して、私は理解した。私にとって、私は、とても子どもっぽいことで弟と一緒になってふざけている子どもだ。しかし、彼女にとっては、まったく違うのだ！　この女性は、私をすでに女性の一部とみなしているのだ。

さらに彼女は、どうやら私に対して嫉妬を抱いているようだ。彼女には、まるで私たちが彼女の立場を脅かす危険で邪魔な存在であるかのように見えているのだ。

邪魔な存在！　私は怖くなった。魔女は、板前さんや隣の男性に大きな歯を見せながら楽しそうに談笑し、お酒の器を振りかざしている。彼女が言ったことは単純な冗談だったのか？　しかし、冗談が、彼女の心の一部分をあらわにしたのではないだろうか？

私はまだしばらく考えていた。もし私がこの女性にとって邪魔な存在に見えたのであれば、ほかの女性にとっても同じことなのかもしれない。この派手な感じの女性は、単にほかの人たちより、自分の考えの奥を隠すのが少し下手なだけ、とは言えないだろうか？

この考えは納得できる。

この女性は少々無作法で、特に注意も払わずに、思ったことを言っただけかも？　私が何もわからないと思ったのか？　でも、それなら私へのあの一瞥の説明がつかない。反対に、私に強く印象づけるため、わざと嫌悪感をはっきり見せたのか？


もし、これが真実だったとしたら、私は大人の女性にも痴漢に対しての助けを求めたら危険ということになる…。女たちにとって私は、子どもみたいに幼いくせに、自分にないものを無邪気に持っている邪魔な存在なのだ。自分の男性を取られるかもしれない。そんな私を、彼女たちは助けたがらないだろう。先方に言わせれば、「私たち女性の間で」異性を誘惑するのは恒久的な競争だということになるのだろう。

もし、女子中学生が痴漢たちから傷つけられたり襲われたりしたら、痴漢のせいで最も深い絶望の中へ飛び込んだら、しめたもの。ライバルがひとり減るのだから。心の奥底では、このやり口をみんな応援しているに違いない。彼女たちにとっては、それが世の中の仕組みであり、正しいロジックなのだ。若さを振りかざし、異性にちやほやされる「若い子」が罰せられることは胸がすくことだから。

もし、私のこの分析がすべての女性に当てはまるわけではないとしても（そうであることを心から願いたいが！）、どうやって外見だけから、誰が私を「ライバル」視していて、誰が味方だとわかるだろう？　疑いがあるなら、あらわにしないほうがいい。触らぬ神に祟（たた）りなし。

だから、今日から、痴漢被害については、母だけでなく、私が出会うすべての女性に対して、黙っていたほうがよさそうだ。

第四章

夜道

次の火曜日。雨が降っていたので、制服のワンピースの上に紺色のカーディガンを着た。朝は問題なかった。山手線の中では何も起きず、ラッキーだった。夕方、学校が終わってもまだ雨が降っていて、私は家に帰るのに少し急いでいた。先生のお話がいつもより長引き、すでに夕暮れどきになっていた。

外が暗いので明かりがもうついていて山手線の車両の中は普段より明るかったが、私はこの人工的な光があまり好きではない。4時から5時の間に電車に乗るときよりも、スーツにネクタイのサラリーマンがずっと多い。これはうれしくない。敵に囲まれているようなものだから。

サラリーマンたちの朝よりさらに疲れた様子、車両のなんとなくもの悲しい雰囲気と蛍光灯、落ちてくる夜の闇に飛び込んでいく世界と私。これらすべてが少し怖かった。

これまでの1カ月ほどで、帰り道にはそこまで痴漢に遭わないことがわかった。5時前までの時間には電車の中に人が少ないのだ。今日はもしかしたら遭うかもと思い、気も重く山手線に乗り込んだが、結局、痴漢にひとりも遭わずにすんだ。

S駅で、家に帰るのに2番目の電車に乗り換える。私はややホッとしていた。この2番目の電車は最初の電車よりずっと空いているのだ。この日は席も空いていて、家の最寄り駅であるA駅まで座ってゆっくり大好きな本を読むことができた。駅に着く頃には、心はすっかり『ナルニア国物語』の世界に浸っていた。

A駅の改札を出ると、まだ雨が降っていた。私は小さなため息をついて、鞄の中から折り畳み傘を取り出した。外は空気が湿っていて肌寒い。この瞬間、唯一よかったのは、私が大好きな土が湿った匂いがしたことだ。緑が多い地区特有の匂いで、学校の最寄りのT駅にはなかった。

あたりはどんどん暗くなっていき、道にはまったく人がいなくなる。私は帰ろうと急いだ。道は閑散としている。その夕方は、雨が降っているせいで、あたりがさらに深い闇に沈んでいた。私はこの夕闇からなるべく早く去り、暖かく明るい光の灯った家に帰りたかった。

　駅前広場を横切り、家に向かう道に入る。すると、そのすぐあとに、足音が聞こえてきた。同じ道を帰る人がいるのだ。急いでいるようだったので、私は傘を傾けてその人が追い越して行けるように脇に寄った。歩道は狭く、雨に濡（ぬ）れていた。

　その人は私を追い越そうと後ろから私に近づき、ちょうど隣に並ぶと、私の前に出た。そして、数歩歩くと、もう一度速度を緩め、何も言わずに私の隣にとどまった。予想外の行動に驚いて、私は顔を上げた。その人は黒いスーツ姿にネクタイを締めたサラリーマンで、カーキ色のレインコートを着ていた。50代くらいで、鞄を持ち、顔は見えない。混んでいる車両の中で出会ったからではなく、顔が傘の下の暗がりに隠れていたからだ。傘を持つ手には指輪が見えた。

　私の横を並んで歩きながら、その人は私に言った。

「こんばんは」

私は驚いた。こんなふうに、私の住んでいる地区で、家に帰る途中の道で男性が私に話しかけてきたのは初めてだった。戸惑って、近所の知っているお父さんたちの顔を思い浮かべたが、その誰でもないようだった。私を知っているから話しかけたのではないとすれば…？　もちろん、知らない人と話してはいけないと親から言われているし、この人のように少し怪しい場合はなおさらだ。

人気（ひとけ）がなく暗い、この小さな道で、私たちは2人だけだし、もう6時は過ぎたかもしれない、ともかく遅い時間だ。サラリーマンたちと駅で隣になるのには慣れ始めていたが、こんなふうに地元でサラリーマンが近くにいるのは初めてだ。

「こんばんは」

私が何も言わないのを見て、その男性は繰り返した。

2度目の挨拶にも、私は答えなかった。

私はなんとなくこれもまた痴漢だと思った。図々（ずうずう）しく急に話しかけてくる種類の痴漢で、しつこいタイプだ。絶対に、私に関するどんな些細（ささい）な情報も与えたくなかった。私がどんな声なのかすら知られたくなかった。最悪なことに、彼はすでに私に関する致命的な情報を持っている。これまで、学校から家に近づくにつれて痴漢も減っていたので、絶対に安全だと思っていた私の家の最寄り駅を知っているのは、それだけで恐ろしかった。本当にこの男性が痴漢だとしたら、と思うとショックで、どう対処していいのかわからず、まだ状況を飲み込めずにいた。

それでも漠然と、このまま黙り続けていたら、この男性が遅かれ早かれ諦めて行ってしまうだろうと思った。そこで私は何事もなかったかのように歩き続けた。

私の父親より明らかに年上の中年男性は、隣を歩き続けた。彼は諦めなかった。

「さっき、電車の中で君を見かけたんだけど」

え？　この人、同じ電車に乗っていたのか！　まったく気づかなかった。近くに人はいなかったし、私はすっかり安心して『ナルニア国物語』を読んでいたので、注意していなかった。なんてことだ、失敗した、まわりをもっとよく見ているべきだった。あの車両のどこにいたのだろう？

驚いたけれど、私はほんのかすかな感情も表さないように努力した。

「君がかわいいからついてきたんだ」

推測は確信に変わった。ちょっと異常だ。男性はまるで10代の少年のように話そうとしていたが、彼は父親よりずっと上だ！　立派なよき父親だとしてもおかしくない人が、電車の中で見かけた12歳の少女についてくる。それもその子が「かわいい」からというだけで…。恥も外聞もなく！　すでに、ほぼ犯罪ではないだろうか？

私はともかく信じられなかった。一方で、この人、大丈夫かなと呆(あき)れる冷静さもあった。自分の言葉がどう捉えられるかもわからず一方的にしゃべり続ける鈍感さを持ったこの大人に、今、この場でいったいどう対処したらいいのか。

「ねぇ、僕を君のパパにしてくれない？」

はい？　いいえ、結構です。パパなら家にいますから。これで確かになった。この男性

私のパパになりたいって？
いったい、何を言っているんだろう？

は病気だ。彼はいったい何が言いたいのだろう？

「ほら、見て、お小遣いあげるよ、ここで、今、よかったら…」

そして彼は、相変わらず私の横を歩きながら、傘を片手で持って、自分のポケットをまさぐり始めた。あまりに馬鹿馬鹿（ばかばか）しくて、彼のお金はいらないとわからせるために、私は首を振った。

しかし、これは軽率だった。なぜなら、彼からすれば、私がついに彼とコミュニケーションを取ることを受け入れたように思えたからだ。彼はチャンスに飛びついた。

「本当？　もっとお小遣いあげてもいいんだよ、

欲しかったら…」

私は首を振り続け、彼はそのアイデアは諦めた。

私たちはそのままずっと隣同士を歩いていた。もうだいぶ時間が経ち始めている。まだついてきているうえに、言葉こそ発していないものの、男性とコミュニケーションまで始まってしまった。私はどんな速度で歩いたらいいかよくわからなくなっていた。

もし、ゆっくり歩き過ぎたら、この男性には会話を続けるチャンスだと受け取られてしまう。でも、速く歩き過ぎたら、このまま私の家に着いてしまう！　それだけはどうしても避けなくてはいけない。

一瞬、植え込みのせいで歩道がとても狭くなり、彼は歩を緩め、私が彼より先に歩いた。そのほんのわずかの間、私は彼が諦めて去ったのかと思った。しかし、振り返るまでもなく、中年男性はまだ私の隣にいた。

「ねぇ、本当に、君は僕にパパになってほしくないの？　僕は、すごくなりたいんだけど…」

私は、彼にはいっさい何も言わない、と固く決心した。雨は降り続いている。私たちはこの道の最後に差しかかっていた。その先には、公園の入り口が見える。公園に沿って左と右に道が分かれる。いつもの私なら、左の道を行く。

お願いだから、駅のほうへ帰って！　もう、これ以上、どうしたらいいのかわからない…。

皮肉なことに、その公園は痴漢の巣窟として近所で知られていた。入り口のところに、来訪者へ注意を促す看板があり、「痴漢に注意！」と書いてあった。だが、私はここで痴漢に遭ったことはまだ一度もなかった。

両親はいつも、あたりが暗くなってきてからこの公園の中に入ってはいけない、と言っていた。木々の巨大な影が、風とともに恐ろしげに揺れている。白雪姫が映画の冒頭で横切る森のようだ。あたりが暗くなってきたとき、この近くを通るのが、私はいつも少し怖かった。

この正気を失ったような男性を、絶対にこの公園の方向に導きたくなかった。それに、家に帰る道を彼が推測できるような手がかりもこれ以上与えたくなかった。だから、道の終わりで私は立ち止まった。すると、彼も同様に立ち止まった。

この地点はちょうど、私が小学校で一緒だった女の子が住んでいる家の門の前だった。雨の中、ぼんやりと、その子の家の赤い屋根が視界に入った。この赤い屋根は、自分の家の青い屋根より、私がずっと好きで憧れていたものだった。

今思えば、もし、この家のインターホンを鳴らしていたら、私自身の住所を漏らす危険もなく、痴漢が逃げ出すようにできたかもしれない。しかし、この瞬間、私はそんなことは考えられなかった。考えたとしても、いいアイデアだとは思わなかっただろう。そこのお家に遊びに行ったのは、もうだいぶ昔のことだし、出てくるのはその子のお母さんで、きっとすぐに母に電話するだろう。

今日のことを知った母は何と言うだろう？　私がまた「不用心」だったと怒って、そこの家のお母さんだって私を困った子だと思うだろう。


痴漢は、立ち止まった私が何か言うのを待っているようだった。無駄だ。私は絶対に何も言わない。ただ、彼が去るのを待っていた。消極的な方法だが、この痴漢が逆上したりして手に負えなくなることなく、自分の家を知られることなく、自分の声やそのほかの情報も何も与えない方法として、ほかに考えつかなかった。

「ねぇ、君がかわいいから、僕は君のパパになりたいんだ。そう言ったでしょ。わかる？君にお小遣いもあげる。わかる…？」

彼は繰り返し始めたが、私は何も答えなかった。雨は激しくなってきて、私たちの横を通り過ぎる人はいなかった。

彼の声はさらに大きくなってきた。ほとんど叫んでいるような気がした。

「君がすごくかわいいから…！　君が欲しいんだよ！　わかる？　君の中で出したいんだ！　君に、子どもを産んでほしいんだよ！　わかる？」

今、道の真ん中で、東京の住宅街の真っただ中で、50代で、既婚者で、スーツにネクタイ姿で、これ以上ないほど真面目な外見の、もしかしたらどこかの家の父親である男性が、これを、さっき電車で見かけて追いかけてきた12歳の女子中学生に叫んでいる。さすがにここまで聞けば、この男性が私とセックスをしたいのだと私にも理解できた。

かわいいからセックスをするの？　そんな単純なものではないと教わった。

それに私はセックスするような年齢ではないし、そもそもこの人は結婚して奥さんがいるんじゃないの？

たとえ独身だったとしても年齢だって違い過ぎているし、私に子どもができたらどうするの？　学校は？　私、まだまだ義務教育があるんですけど。

この大人が言うことはいちいち筋が通らず、理解不能だった。

私は悪夢を見ているのだろうか？

いいえ、すべてが本当だ。傘を伝って落ちてくる雨の雫は冷たく、これが現実だと私に思い起こさせる。

私の隣に立っているのは、しきりに身振りをする性倒錯者だ。寒さのせいか、この状況のせいか、体が震え出したのをなんとか気づかれないようにしなくてはならなかった。

おそらく言いたいことはすべて言ったのだろう、もう付け加えることもないらしい。彼は最後の言葉を発したあと、ついに私からの反応が得られるのではないかと間を置いたが、私は相変わらず黙っていた。すると、彼は声を小さくして、作ったようにほがらかに言った。

「よし、じゃあ、ここでお別れだね…。また今度ね！」

そして、男性は駅のほうへ戻った。

「今度」？　私は不安になった。またつけてくるつもりなのか？

彼が遠ざかる間、私はそこにいた。立ちつくしながら、彼が本当に駅へ戻るのか、あるいはそう見せかけて、急に引き返し、隠れてまたついてくるのではないかと長い間観察していた。

しばらく待って、姿が見えなくなると、私は急いで家の方向へ向き直った。時間は余計にかかるが、気づかぬうちについて来られたときのために念には念を入れて、いつもと別の道を通って遠回りした。

こうして、何度も後ろを振り返りながら、やっと家にたどり着いた。

「ただいま！」

「おかえり！」

母がいつもどおりに言った。

今日？　特に変わったことはなかったよ、ママ、いつもどおりだったよ。

第五章

ユリ

私がここまで書いてきた出来事は、例外的だと思っているだろうか。

おそらく、日本で痴漢に遭うことは、フランスで露出狂に遭うようなもので、5年から10年の間に一度くらいしか起きないと思っているのではないだろうか？

それが、まったくそうではない。最初の週、つまり私が初めて中学校の定期試験を受けた週、ここに記してはいないが、あれからも2回、痴漢に遭った。手口は最初とほとんど同様だった。

2週目は3回。3週目から、私はようやく、これはもうやまないのだとわかった。そして1カ月を経てからは、これ以上ない確信を持って、こう言うことができる。

痴漢に遭うということは、ごく日常的なことなのだ。

おかしなことだが、初めての試験のあの日まで、私は痴漢に気づきすらしなかった。電車通学が始まった4月から、試験があった6月までの間にも、朝の車両の中で男性の手が私の後ろに滑り込むのを感じていた。ただ、私は電車が満員だから、たまたま誰かの手がそこにあるままドアが閉まって動けないのだと思っていた。それが痴漢だと関連づけられなかったのだ。

思い返すと、ある夕方、とても挙動不審な男性が私に近づいてきたことがあった。スーツ姿のその男性は私を素早く見て、それから私の近くの座席に、名前と電話番号が書いてある名刺のようなものを置いていった。

私は、それをあえて見ようともしなかった。その頃、この種のことが起こり得るということに私はまったく疎かったし、何かの間違いだと思ったからだ。なぜ、大人の男性が、私のような中学生になりたての子どもに名刺を渡すなどということがあるのだろうか？

おそらく、試験の日の決定的な瞬間まで、私はすでにかなりの数の痴漢に遭っていたのだ。私自身が何も気づかなかっただけで。

朝は、本当にいつも同じ場面の繰り返しだった。

山手線の車両、ラッシュアワー、乗客の群衆、その中に痴漢。私がその顔を見ることはほとんどなく、10分間、痴漢は私を使って勝手に何かしている。

そしてそれが終わったら、私は何もなかったかのように学校への道をたどり続ける。

そして、一日の終わりには、「ただいま!」「おかえり!」。怒ってさえいなければ、すごく優しくて賢くて大好きでたまらない母のいる家に帰る。

これで私の一日は終わる。


ずっとフランスに住んでいるあなたは、こんなことが本当に可能なのか、しかも電車のような公共の場で、こんなに頻繁に繰り返されるのだろうかと疑いも持つだろう。

私が通学していたこの瞬間は、一日の中でも人の密度が極端に高いということを知ってほしい。まるでぴったりと密接する6~7本の木の幹に囲まれているように、乗客たちが私の視界を完全にふさいでしまうような状況なのだ。自分のまわりで起こっていることは何も見えず、右も、左も、下も、上も同様で、さらに動くことすらできない。

このような混雑した状況のうえ、大概の場合、乗客たちにはまわりを見ようという気持ちがない。二つの条件が連動して、たとえ見ることができる位置にいたとしても、あるいはほんの数cmのところで何か疑わしいことが起きていることを感じ取ったとしても、乗客たちはそれを見ようとしないだろう。厄介なことに巻き込まれたくないから。
こうして車両の中ではすべてが可能となる。信じ難いことや、本当に恐ろしく思えることでさえも。

この朝のできごとが、山手線の車両内で起こっていることに注意してほしい。この路線は、輪の形をしており、首都東京のほとんどの鉄道交通がここに繋(つな)がっている。つまり、痴漢にとっては、朝、同じ時間にたくさんの女子中学生をすぐに見つけることができる。痴漢が仕事へ行くのにちょうどいい時間帯に、だ。彼らにとって、ここは理想的な狩り場なのだ。

ときおり、私は自問する。
なぜ、彼らはそういうことをするのか?
なぜ、私なのか?
なぜ、毎朝なのか?
なぜ、こんなにたくさんいるのだろう?

12歳の少女にとって、50代の痴漢になりきって考えることは容易ではない。だから、いくつか憶測するにすぎなかった。確かなのは、私が彼らを見るとき、ほぼみんなダークカラーのスーツにネクタイ姿だった。彼らを怖いと思わないときは、むしろ彼らを哀れに思った。精彩を欠いた空気が漂っていて、１００年近く前から、日本人男性の大半が送ってきた日常だろう…。

彼らは7日のうち5日か6日、朝9時から夜の10時か11時まで、あるいはさらに遅くまで会社で働く。それから、〃飲み会〃と呼ばれる集まりに行かない場合は、家に帰る。家族と会う時間はほとんどない。なぜなら当然、みんなその時間にはすでに寝ているからだ。

週末は、まあ単純なことだが何かするには疲れ果てている。平日、職場にいるときは、彼らはオフィスの社会的な雰囲気に完全にとらわれ、サラリーマンという役割を常に果たしている。

私には、これは少し牢獄に似ているように思える。家に帰ったら、今度は家庭と家族の義務に縛られる。彼らのうちの多くは、こちらもまた別の種類の牢獄になり得るのだろう。

彼らの人生は非常に規範化されたものなのだろう…。別の言い方をすれば、そこにはあまり楽しい瞬間がない。

まとめてみると、結局、彼らの日常において唯一自由で、空想を許される瞬間は、彼らがひとりになれるときだ。つまり、それはちょうど電車の中、家から職場へ往復する間となる。

さて、この往復の間に、奇跡が起こる！　満員電車の中、何が起こっているか誰もがまったく気づかない、匿名性が付与された状況で、彼らの目の前に、純真無垢（むく）で壊れやすい女子中学生の新鮮な肉体が大量に提供されるのだ。しかも、制服で！　つまり、新鮮な肉体が、自分から、新鮮な肉体がここにありますよ！　とわかるように目印をつけているようなものだ。

フランスに「盗む機会があるから盗人が生まれる」という言葉がある。私は心理学者ではないが、同じような痴漢たちがこれだけたくさんいて、同じ場所、同じ瞬間に、毎朝正確に存在することの説明としては、これが最も納得できるものではないかと思う。一つの証拠として言えるのは、朝のこのラッシュアワーの電車でしか、ここまで多くの痴漢に遭うことはないということだ。

同様に、痴漢が彼らの欲求を満足させたいと思うような、ほかの状況を先験的に考えてみる。行列が練り歩く夜の祭りの人込み、花火のような催し物などが挙げられる。だが、これらのどこにも、朝の車両のように特殊な組み合わせは見ることはできない。大人の乗客の80％が男性で、その大半はそれぞれ似通ったサラリーマンで、区別をするのがとても難しく、その中に制服を着た女子中学生が交じっている……。

痴漢にとって、瞳の中に獲物の姿が入り込んだ一瞬は、思わぬ幸運であり、天からの贈り物であり、日常のむなしい海に差し込む光になるのだろう。さらに味気ない表現をすれば、無料で、かつ目撃されずに美味しい思いができる、唯一無二の機会なのだ。

また、痴漢の夜の狩り場には、最寄り駅付近の、暗くて人気のない道がある。何かしら理由があって、夕方6時以降に家に帰ることになってしまったら、要注意だ。

痴漢について私が得た考察は、これで大体すべて。

そういうわけで、これが今、私の12歳の女子中学生の生活なのだ。

痴漢と対峙するのは、いつもひとりだ。

最初の数回繰り返していた担任の田中先生への報告は、もうやめた。最後は先生も嫌になるだろうし、報告しても何が変わるわけじゃない。なぜ、両親を含めたほかの大人にこのことについて話せないかは書いたとおりだ。

正直、父親や弟に生理を含め性的なことを話すのはもってのほかだったし、特に弟は私以上に子どもで何もわからないだろうと思っていた。仲がよかったものの、痴漢について話すという考えすら論外だった。

私が話せるのは友達だけだ。むしろ、ひとりの友達とだけ、と言えるかもしれない。彼女はユリといった。ユリは同じクラスで、中くらいの背、つまり私より少し高くて、太り過ぎても痩せ過ぎてもいない。肌は青白くも黒くもない。髪は短くも長くもなく、肩のあたりまでで、黒い。要するに、平均的だった。身体的な特徴は、あえて言えば、少しぽっちゃりしているくらいだ。それと、日本人にしては目の色が少し明るく、少し茶色かった。

全体として、ユリの容姿は特徴的なものがあるわけではなかった。

しかし、私にとって、ユリはとても特別だった。

朝、学校に到着したとき。ユリではない、普通の友達と話すと、大体こんな感じだ。


「おはよう！」

「あ、おはよう、クミ。具合、どう？」

「あんまり。今朝また痴漢に遭ったよ」

「そうなんだ」

「それに、昨日の帰り道でも痴漢がいて、Ｂ駅の乗り換えのときに耳元で〝セックス〟って言ってきた。ありえないよね！」

「ひどいね！　しかし、本当によく痴漢に遭うよね。あ、ほら、ちょっと見て、これ。昨日、新しく描いたんだ。るろうに剣心！」

「かっこいいじゃん！」


これに対して、ユリとの会話は内容が違う。私と同じで、ユリも痴漢を磁石のように引き寄せるのだ。ほかの友達の反応を見ても、私たちは多分、同学年１２０名中（全員が女

子だ）、最も痴漢を引き寄せる2人だった。

当然、私たちは理解し合えた。これだけ引き寄せるなんて、いったい私たちの何が特殊だったのだろう？

1カ月の経験からよく考えた結果、私の場合は、日本で言う「フランス人形」に容姿が似ているからだと思った。笑わないでほしいが、これは大真面目な話だ。

日本では、フランス人形のイメージはよく知られている。まず一つ目に、フランス人形はきれいで豪華だ。二つ目に、こんな特徴がある。青白いほどの白い肌。私のように。病的な細さ。私のように。私は病気がちで、ほとんどずっと風邪を引いていていて、いつも胃を痛めていた。

また、フランス人形の髪は、明るい色で、軽くカールしている。これはもちろん、日本人から見て、ということだ。信じ難いかもしれないが、この髪も、まったく私と同じなのだ。小さな頃から、私の髪はカールしていた。私がまだ1、2歳の頃、母の友人たちはこう言っていたらしい。

「あら！　パーマかけたのね？　なんてかわいらしい！」

母は、幼い娘にパーマをかけるという発想はないので、淡々と答える。

「違うわよ、生まれつきなのよ」

そこで、この友人たちは狼狽（ろうばい）することなく、こう答える。

「外国人みたいね！」

これは、フランス人読者にわかりやすいように意訳すると次のようになる。

「彼女は西洋人みたいでびっくりね！」

日本では、ときどき生まれつき髪がカールしている子を見かけることがある。だが、その数はとても少ない。40人のクラスに、最多でも1人か2人だ。そういえば、中学校で私は、ほかの学年の生徒からも「あの茶髪でパーマの子」と呼ばれていたらしい。

そして、なぜ私がこれほど多くの痴漢を引き寄せたのかをよく理解するためには、私の学校がとても保守的で、特に制服に関する校則が東京でも最も厳しい学校の一つだったことも頭に入れておかなくてはならない。

膝下までの長いスカートと三つ折り靴下、昔ながらの制服を着て東京の街を歩いている私は、一種の化石のように見えたに違いない。あるいは、もっと正確に言うと、古い時代を想起させただろう。例えるなら、現代のパリ北駅のラッシュアワー時に、１９６０年代の若くブロンドのフランス・ギャルが、クープ・オ・カレ（ボブヘアー）スタイルとミニスカートで歩いているのを急に見かけたような感じだ。

つまり、日本の痴漢にとって、この光景は、別の時代から来た虚弱な天使のようなものが、現代の退廃した世界を訪れているイメージなのだろう。この種の奇妙なイメージというのは、漫画の中で頻繁に見ることができる。

最後に、もう一つ理由がある。フランスのものであろうとなかろうと、私はともかく人形のようだった。私の顔は少し死んだような、生気のないものなのだ。これも、健康状態が悪いことからくるのだ、と母は言っていた。確かにそうだと私も思っていた。なぜなら、私はいつもうわの空なところがあるからだ。

力の欠けた、あるいは個性に欠けたこの外見は、テレビの広告などで目にする「元気ではつらつとした」女子中学生のちょうど対極にある。きっとこの子なら、多少触ったところでそんなに激しく抵抗もしないだろうと、多くの痴漢たちが思ったのだろう。

では、ユリはどうだろう？　ユリについては、もっと複雑だ。

記述したように、身体的に、彼女は特に変わったところはない。天使にも、人形にも似ているわけでもない。

そのかわり、ユリは、言うなれば、女子中学生にしてはとても幼く見える！　小学生が女子中学生の格好をしているようとも言えるだろう。これが痴漢を喜ばせたのではないか……。

まとめると、痴漢から見て、ユリと私は、いわば子どもとロリータだ。

こうなると、私たちが友達になったのも自然なことではないか？

　初めて痴漢に遭ったときから1カ月後、私は先生が来るのを待ちながら、教室でいつものようにユリとおしゃべりしていた。ユリは教室に入ってくると、鞄を席に置き、本を読んでいた私のほうへやって来た。ユリは私に話しかけた。

「おはよう！」
「ねえ、今朝はどうだった？」
「うーんと、よく見るやつで、50代くらい、スーツにネクタイのいつものきもいサラリーマン。私の後ろに来て、お尻触

確かに、普通の女子中学生のスタイルは私のとは違う。
みんなは制服についての学則を守らないから。私は真面目な生徒だから、守る。
それだけのことなのに、なんでこんなに疎外感を抱くんだろう

られた。逃げたかったけど人が多過ぎて…。ほんと最悪…。クミは?」

「私、今日、同時に2人の痴漢に遭ったよ」

「うそ! 2人! どういうこと?」

「1人私の前にいて、前のほうからスカートの上から触ってきて、もう1人は私の後ろにいて、後ろから触ってきたの。本当に同じときに! スカートの下で、2人の手が触れ合ったら気まずくないのかな、と思った…」


ユリと私は、不意に話すのをやめた。

ときに、ふざけるのも容易ではないことがある。ユリと私は、できるだけ気持ちを軽くしようとしていた。だが、まるでゲームか何かのように話そうとしても、そのときの場面が記憶に蘇る。そして、それらの場面は、まったく面白いものではなかった。不快感、嫌悪感、そしてそれが毎日続くのを知っている死にたくなる気持ち。

笑い飛ばすことはできなかった。そうするには、あまりにきつ過ぎた。

私たちは、まだそれほど強くない。おしゃべりの途中、つらい瞬間には、私たちは黙りこくった。そのほうが楽だった。

こんなふうに、私たちは最低1分間ほど黙って、それぞれ今朝、自分たちに起こったことを考えていたが、不意に私は嫌になった。

もし、私の父も、母も、私が知っているほかのどの大人も私を助けられないのなら、もっと別の人が何かできるのではないだろうか？　結局のところ、痴漢は犯罪者で、誰かが彼らを牢屋に入れることができるはずではないか？

私は顔を上げてユリを見た。

「どうして訴えないの？」

「何を？」

「痴漢」

「何言ってるの？　どうやって？」

「摘発するの」

「でも、誰に？」

「駅員とか警察。そのためにいるんでしょ？」

私の前にいる人、痴漢だ、親指で触ってきた…。
え、でも、後ろの人、何やってるの？
お尻触った!?　また別の痴漢だ！

「本気で言ってるんじゃないよね？　ストーカーの話、聞いていないの？」

「ストーカーの話」について私は一度も聞いたことがなかった。おそらく、フランスのみなさんも知らないだろう。ストーカーという単語をフランス語で表すと、「ロダー（うろつく人、徘徊（はいかい）する人）」、あるいは「トラカー（追い詰める人）」となるだろうか。日本では、これは実際、一つの社会現象、言うなれば「また別の」社会現象だ。

ストーカーとは、歪んだ感情に突き動かされた人物が、こっそり隠れながら、あるいはまったく隠れようとせずに、ターゲットである特定の人物を常に追い回すことだ。当時、新聞やテレビの番組ではストーカー被害の話題が頻繁に上った。

例えば、ある男子学生が、ひとりの女子学生を昼も夜も追い、異常な数に上る手紙を匿名で送り続け（ときどき手紙の中にナイフを入れて送りつけ）女子学生が怖がるのを見て楽しむ、という事件があった。

あるいは、サラリーマンがある日、電車で出会った女子高生の好意を得たいと思い、彼女を追いかけた。拒否されたサラリーマンは、彼女の高校、自宅まで、彼女の日常生活のすべてを知るためについて行った。果ては彼女に自分を拒否し続けたら彼女の両親と高校に偽の密告状を送り、彼女の評判や生活をめちゃくちゃにすると脅した。このようなケースが多くある。

これは一種の精神疾患だ。もし、このような人があなたを困らせようとして、その人があなたの日常生活の一定の情報を知っていたら、このような行為はとてもたやすいことではないか?

おそらく、フランスの読者のみなさんは、これらのストーカーに有罪判決を下せばいい、と思うだろう。そう、そのとおり。だが、「普通の」愛情表現と、ストーカーの常軌を逸した言動を引き起こすものとの境界線を引くのは、とても難しいのだ。

また、ストーカーはこっそり隠れて行動するので、白日の下にさらされるようなことはあまりしない。つきまとい行為だけで警察が動いてくれるかというと、そうでもない。少なくとも、当時はそうだった。

もし、あなたがストーカーにつきまとわれたら、お住まいの地区の警察官は、「ストーカーの件より緊急に対応しなくてはならない案件がある」といつも答えることだろう。あるいは、あなたに次のように言うかもしれない。

「…しかし、その男性はそこまであなたを好きなんですよ！　受け入れたらいいじゃないですか。ほら、結局、あなたが悪いのかもしれませんよ？　お嬢さん、そいつを誘惑したんじゃないんですか？」

この言い方は、何かを思い起こさせないだろうか？

いずれにしても、訴えを起こす気はしなくなる。

このように罪が認められなかった結果、日本では、80年代初めから90年代終わりにかけて、ストーカーの数が激増した。

なぜ法律が変わったか？　あるストーカーが被害者を殺した事件が起こったからだった。

1996年の7月、ちょうど私がユリと痴漢について話していたとき、日本のストーカーの数は増加の一途をたどっていた。だから、ユリの言うことは正しかったのだ。ユリは私に、これらの話を詳細まで話してくれた。彼女は、友達の友達が、ストーカーの被害にすでに遭っていることも教えてくれた。

私は恐怖ですくんだ。

この間の夕方、家のすぐ近くまでついてきた異常な男を即座に思い出したからだった。私がさらされていた危険を自覚した。あの男は、明らかにストーカーのひとりで、私の住所を知る、あと一歩のところまできていた…。

日本では、路上で身体的な危害を加えられることはほとんどないが、そのかわりにストーカーがいるのだ！

「…だから、痴漢を警察に届けたら」とユリが言った。

「その恨みから、痴漢がストーカーになって、すごく長い間、被害者になることが多いんだって。もうわかったでしょ？　それで、ほとんどの人が届け出ないんだよ」

「でも、そうしたら…つまり、何もしようがないってこと？」

再び、大きな沈黙が私たちを覆った。クラスのほかの生徒たちは、私たちのまわりで楽しそうにおしゃべりをしている。ユリと私だけが、２人で下を向いていた。

教室に先生が入ってきたとき、私は悲しい気持ちで、ユリが自分の席に戻るのを見た…。

相変わらず、ユリは幼い雰囲気だった…。

つまり、誰も私を助けてくれない。

ユリも、警察も、先生も、両親も、ほかの大人たちも…。

私に、あと何が残っているのだろう？　痴漢に対する可能性のある手段として、何が残っているのだろう？

答えは問うまでもなかった。ないのだ。

第六章

「じゃあ、15分」

数週間が過ぎた。陰鬱で変わらない、ある火曜日、雨の日だった。朝、電車の中で、いつものように男性が私に近づいてきて、私のスカートに手を伸ばしてきた。

正直に言うと、私は抵抗する気をどんどん失っていた。その日の朝は、本当に闘いたくなかった。痴漢は多過ぎる。私は孤独過ぎる。頻繁に起き過ぎる。

電車はいくつかの駅で止まり、そのたびに多くの乗客が乗って、降りた。これは痴漢の手から逃れるために場所を変える機会でもある。それが成功するかしないかはまちまちだったが、普段はそうするようにしていた。

今朝は違った。気力がなかった。もうそこまでする必要すらない。私は動かなかった。痴漢は好きなだけ私を触り続けることができるだろうが、私は死んでいるかのように身動きをしなかった。

痴漢は、私が抵抗しようというつもりがないのを感じたようだった。そうしようと思えば逃げられる機会が何度かあったのをよくわかっているのだ。彼がときおり私を素早く見て、私が罠（わな）をしかけているのではないか確認しようとしているような気がした。まさか、そんなことはしない…。

電車を降りるときになって、痴漢は私のほうへ身をかがめ、耳元でささやいた。

「ありがとう」

私は驚いた。

痴漢がこんなことを言ってきたのは初めてだった。痴漢は50代、もしかすると60代ぐらいだったかもしれない。小柄で髪の薄い男性だった。とにかく確かなのは、彼は私の父より年老いていたことだ。彼が私に感謝したとき、私は、もしかすると彼はほかの痴漢たちよりはまだまともなのかもしれない、と思った。

ほかの痴漢たちは、私を人形のように扱う。体温があって動くけれども感情を持たない人形。そうとでも思わなければ、このようなことを通学途中の中学生に、彼らを見るだけで恐怖と嫌悪感で震える少女に、あえて痴漢する心理が説明できない。

だから、私に感情があるかもしれないとお礼を言ってきた老いた痴漢のほうが、人形であるかのように中学生の体を好き勝手に触り、さっさと自分が降りる駅で降りておしまいのほかの痴漢よりまともかもしれない、と思った。

だが同時に、それだからこそ私は彼を軽蔑した。この男性、この老いた男性は、12歳の女子中学生に感謝をしながら、小さな秘めた楽しみを見出している。

彼が一種の罪悪感を持っているのは確かであり、その相手はまだ若い少女、もしかすると自身の娘よりもっと若い少女なのだ。その少女に対して彼は「愛撫（あいぶ）」をし、それは少女の弱みにつけ込んだ結果であることを自分でわかっているのだ。しかも、その少女は遊びに行っているわけでも繁華街にいるわけでもなく、学校へ行く途中。こんなところで見も知らぬ老人に体を触られてうれしいわけがない。

なんて惨めなのだろう。彼は多かれ少なかれ、自分がしていることを自覚している。そして、多くの痴漢とは異なり、獲物が感情を持っているかもしれないと認めているのだ。

この一言によって、老いた痴漢への強い不快感と軽蔑の念を急速に抱いたが、私の日常生活は、山手線でこんな痴漢たちの無力な獲物になることに集約されている。

私は次第に怒りを感じ始めた。そもそも、なぜ彼は「ありがとう」などと言ったのか？

「ありがとう」？　何に対するありがとう？

私が、12歳の女子中学生が、60代の老いた変質者である彼に対して寛容だったから、ありがとう？

彼は自分がしたいように私に触れてきたけれど、私にとってはそれはそれは不快で、苦しんでいて、怖くて死にそうになっていたかもしれないことを知っていたから、我慢してくれてありがとう？

彼は無理やり私を触ってきたのだ。このような「細かい部分」は最初から無視したではないか？

あるいは、彼は私からこの時間を無料で与えられたと思い、「ありがとう」と言ったのだろうか？

無料で。確かに…。もし彼が、女子中学生か女子高校生に、報酬を支払う提案をしながら同じ行為をしようと思えば、価格は最低でも5万円だろう。フランスで言えば約500ユーロだ。悪くないではないか?

これは市場の法則だ。日本語では当時、「援助交際」と呼ばれていた。文字どおり訳すと、「助ける関係」、あるいは「サポートの関係」となる。実際には、報酬を受け取って男性と出かけることを意味する。若い女性は大学生、高校生、中学生だということすらあり得る。女性側はたいがい学生であり、これが援助交際の特殊な部分と言える。

出かける、というのは、さまざまなことを含んでいる。報酬を受け取って、付き合っている彼女のように振る舞うこともある。次のような例がある。13歳の女子中学生が、渋谷駅で出会った、スーツにネクタイ姿の50歳のサラリーマンと出かけ、一番近いゲームセンターで、まるで思春期のカップルのように遊ぶ、といったものである。

フランスでは、12歳の女の子が同年代の男の子と出かけるとしたら、マクドナルドへ行って、それから映画に行く。日本でも同じように、ゲームセンターに出かけたりする。このため、やはりゲームセンターに行きたい12歳や13歳の女の子と一緒に出かけて、幻想を満たす男性たちが存在するわけだ。

ときには、その女の子と添い寝までする人もいる。眠るだけだ。しかし、相手が女子高校生になると性的関係を含むこともある。その場合は、夜のお出かけの最後はラブホテル（日本の、昼でも夜でもいつでも、数時間、隠れて部屋を借りることができる種類のホテル）へ行くことになる。あるいは、カラオケボックスに行く。歌うために2人きりになることができる小さな閉めきった部屋だが、あるいは歌う以外にもたくさんの別のことができる。当然、性的な行為をするほど「報酬」の価格は上昇する。端的に言えば売買春、つまり犯罪を含む行為である。「援助交際」という言葉は実態を隠し、何重ものオブラートに包んだ表現である気がしてならない。

私は12歳で、セックスが意味する具体的なことを何も知らなくても、当時これらの情報はなんとなく知っていた。なぜ、そんなことを知っていたのか？

単純に、これらの話題は、日本のどこでも売られている雑誌にかなり詳細にわたって載っていて、その吊り広告が電車の中にたくさんあるからだ。

例えば、スーツにネクタイ姿の男性たちが車内でみんなめくっている、とても有名な週刊誌の中には必ず水着や下着姿の若い女性たちの写真がある。電車で宣伝している吊り広告には、まず中央に、小さい字でこうある。
「有名政治家Y氏インタビュー。尖閣(せんかく)諸島の領土問題について」
そのすぐ右隣に、太字で
「大人気若手女優X、深夜に路上で男性に抱っこ！」
そして同じくらい大きな字で、今度は左隣に
「スクープ！　また県会議員、13歳女子中学生と！」

最後の記事に注目してほしい。はっきり書かれていないものの、明らかに援助交際を扱っている。この面のほぼ中央に載せられていて、目立つようになっているのだ。まるで、この週刊誌全体の核となる中心記事のように…。

電車の中で、いつも水着姿の若い女性を載せた広告を見かける。「セックス」という言葉も珍しくない

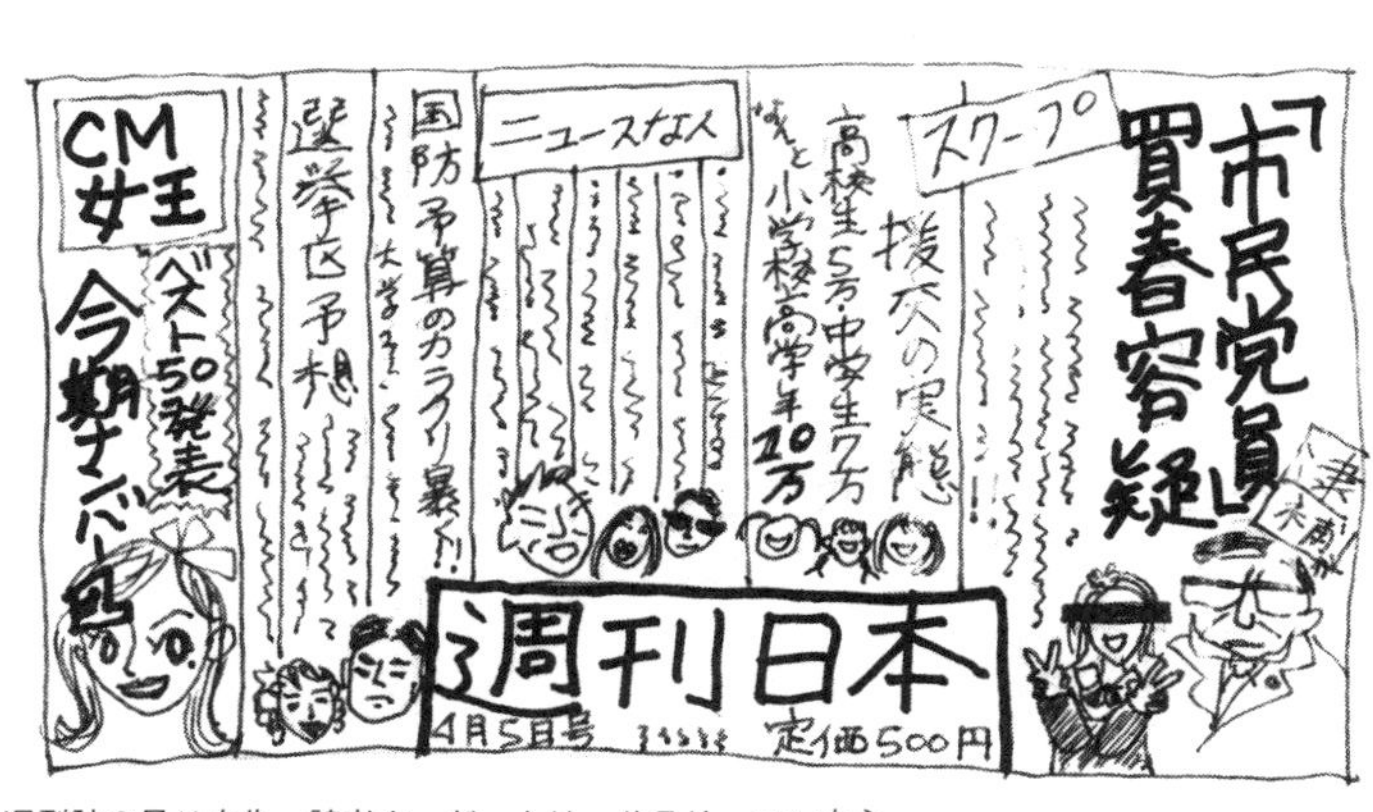

週刊誌の吊り広告。読者ターゲットは、サラリーマン中心

そして同じ吊り広告に、最近の援助交際の相場が表になって、「例」として掲載された。当然、日本で売春は法律で禁止されている。しかし援助交際は既述のとおり内容はさまざまだから、一概に売春とは言えない。フランスでは記事広告というのも存在するが、これも問題視するように見せかけて、一種の公示価格かもしれない。私が昨日、山手線の車内で見たのは、次のようなものだった。

「ひどい実態。今や女子小学生も援助交際！　これが最新価格だ！　女子高校生　5万円、女子中学生　7万円、女子小学生高学年　10万円」

「女子小学生高学年」。見間違いではない。

痴漢にお礼の言葉を言われた瞬間、さまざまな気持ちと一緒に、この「価格」が頭をよぎった。
だから、彼が「ありがとう」と言った直後に、私は彼の目を初めて真っすぐ見て、低い声でこう言った。

「カネ」

カネ、とは「お金」のことだ。メッセージは明らかだ。もし、あなたが私に感謝するのなら、老いた変質者よ、お金をくれるのが当然でしょう？

痴漢はこれを聞いてとまどったようだった。強いて笑おうとし、何度か小刻みに首を縦に振って頷（うなず）くしぐさをしていたが、彼が降りる駅でたくさんの降車客がいたので、大きな声で話すこともできないまま、結局、人の波に押し流されるようにホームに消えてしまった。

私は車両に残っていた。怒りが大きくなるのを感じた。
では、とどのつまり、今、判明したばかりの真実だが、私の人生は無料の売春婦だということではないか？

*

同じ週の金曜日、17時15分。私は学校からの帰りで、いつものように山手線の車内で、ドアに近いところに立っていた。S駅で、いつのように乗り換えようと降りる準備をしていた。スーツ姿の男性が、ドアと私の間に挟まるようにして立っていた。

ご想像のとおり、痴漢だった。男性は、痴漢がいつもこのような場面でするように、私のほうを向いていた。彼は、痴漢がいつもそうするように、私にくっついていた。そして私を触り始めた。

またかと思ったが、もうすぐ降りるので、そのままにした。彼が痴漢行為を終えたとき、つまり、私が電車を降りようとしたその瞬間、痴漢は私に１０００円札を2枚差し出した。２０００円は大した金額ではないが、それでもないよりはいい。話のわかるやつだなと思いながらそのお札を受け取り、ほかの乗客たちと電車を降りた。

すると、痴漢も私のあとから電車を降り、人込みの中で私に話しかけてきた。

「じゃあ、１５分」

「ねぇ、ちょっと時間なぃかな？　ちょっとだけ話せない？　本当に少しだけ、長くならないから、心配しないで！　もう少し君にお小遣いあげたいんだよ、いいでしょ？　ほら、今、僕のお財布には1万円あるから」

この瞬間、私はこの痴漢の顔を初めて見た。40代か、もしかすると50代かもしれないが、どちらかというときちんとした格好で、スーツとシャツを着ていた。ネクタイはなく、眼鏡もどちらかというとおしゃれだった。髪はきちんと整えられ、顔はほとんど感じがいいと言えるほどで、社交的でまともに見える。ときどき家に電気系統を修理しに来るエンジニアの男性に似ていた。

この痴漢は、私に向かって、まるで彼が私の親戚か、はたまた両親の友人だったかと思わせるような屈託（くったく）のない笑顔を見せた。

こうすれば、私が信頼すると思ったのだろうか？

私は痴漢を無視して、駅の乗り換え口に続く階段へ向かって歩き始めた。その乗り換えで、家に帰る2番目の電車に乗らなくてはならないのだ。痴漢は私についてきた。いまや彼は、以前、私が道で遭遇したストーカーがそうしたように、人込みの中で私の隣を歩いていた。

「だめ？　本当？　ほんの少しも時間ないかな？」

私たちのまわりを歩いている大勢の人々にも声が届くくらいに、彼はとても大きな声で話していた。ほかの人から見たら、男性はリラックスした雰囲気で、ほとんど自然な態度だったと思う。それでも、夕方、駅で12歳の女子中学生を追いかけている40代の男性、というのは、考えてみればそんなに自然なものではない。さらに、彼はときどき、この群衆の中で、この女の子の腕をつかもうとしているのだ。人々は私が彼の娘だと思うのだろうか？

私たちは、乗り換えのための自動改札機のところまできた。ここをとおり抜けたら、私はもう一つ別の改札をとおって、家まで行く電車に乗るために二つ目のエリアに入らなくてはならない。

私は躊躇した。どうしたらいいのだろう。痴漢が2番目の電車に乗ってついてくることは避けたいし、その電車に私が乗ることも知られたくなかった。私はもう一度、あの夕方のストーカーのことを思い出した。

ついに、私は彼に小さな声で答えてしまった。

「私、帰らないといけません」

「15分だけちょうだい、お願い！　たった15分！　なんでもないでしょ！　そのくらいなら大丈夫でしょ？」

彼が、正確には何がしたいのか、わからなかった。

理論的には、確かに15分はそんなに大した時間ではない。いつものように私は学校の最寄り駅から帰るときに家に電話をして、今、T駅で、これから大体50分後に家に着くから、と母に言った。

だが、帰り道で、15分程度、あるいは30分の違いですら、母を心配させないことはわかっていた。なぜなら、彼女は、私がときどきS駅のビルにある書店に寄ることを知っているからだ。

「じゃあ、15分」

確かに15分で大したことはできないだろうと思った。それに、帰らないといけないと言ったのに、畳みかけるように話してくるこの男性に、どうやったら解放してもらえるのかわからなかった。

痴漢は喜びにあふれた顔になった。

「行こう！」と彼は言った。

いまや彼について行っているのは私だった。変なの、と思った。私たちは改札をとおって、乗り換えのスペースを出た。しかし、私たちは商業施設の方向へ歩いた。これは私が帰るときの道と正反対だった。このことで、少しホッとした。少なくともこの痴漢は、私の家まではついて来ないだろう。

では、私をいったいどこへ連れて行くのだろうか？　この商業施設はよく知っている。知らない場所にいるわけではない。けれども、予想がつかない。

そして今、私は階段を上る痴漢の背中を追っている。そう言えば、なぜ商業施設で階段を上っているんだろう？　ここの階段には、そんなに多くの人はいない。お客さんのほとんどはエスカレーターを使用するのだ。トイレへ行きたい人以外は。

1階のトイレの前まで来ると、痴漢はそこで立ち止まり、とても感じのいい笑顔で振り向いた。その向こうには、男性トイレと女性トイレが並んでいる。わけがわからず、痴漢の顔を見返した。

この瞬間、中年の女性がトイレのドアを押して出てきて、私たちをちらっと見た。

「行こう！」と痴漢は言った。

そして、彼は男性トイレに向かおうとした！　私にとっては、完全に未知の世界だ。

もう、どうしたらいいかわからなかった。

「え、ちょっと待って、それは無理！」と私はとっさに言った。

痴漢は少し困ったような様子で私を見てから、女性用トイレにほかに誰かいないか見るように言った。私は入り口から中を見た。誰もいない。

「じゃ、行こう！」と、彼はさっきよりさらに楽しげに言った。

そして彼は、今度は女性用トイレに入った！


私は彼を凝視した。不意に、私の脳裏に幻影のようなものが起こり、不思議なことに私の視点が私自身から外に出ているような気がした。まるでアニメーションを見ているように、私は、私自身を後ろから、商業施設のトイレの前に立っている小さな女の子の後ろ姿として遠く離れて見ていた。

次の瞬間には、その女の子が呆然としている様子も完璧に見えた。女の子は驚き過ぎて頭の中が真っ白になり、考える間もなく痴漢のあとを急いで追った。彼はすでに個室の中にいて、女の子に入るように手招きしていた。

トイレにはいくつかの個室がある。数秒間、女の子はトイレの真ん中で立ち、男性を呆然と見ていた。今、この瞬間にも、ほかのお客さんが入ってきて、2人を見つけるかもしれない。女の子はパニックにとらわれ、もはや自分が何をしているのかわからず、周囲を見渡して、痴漢のあとについていてなるべく早く個室に入った。

私はこうしている自分自身を見て、いや、この少女は私ではない、と思った。

だが、アニメーションは途切れることなく高速で続いた。

痴漢は個室のドアを閉め、鍵をかけて私のほうへ向き直った。これでよし、彼は女子中学生を捕まえた。彼は、いまや少し悪意が感じられると思うほどの笑顔を浮かべて、口の上に指を当てた。個室のドアと壁は、上部と下部が空いている。ほんの少しの音も筒抜けだ。女の子はどうして自分がここに入ったのか、まったくわからなかった。トイレに誰か入ってきたら、私たちの個室で何が起こっているか気づくかもしれないではないか。

しかし、もはや遅過ぎた。

痴漢と女の子は、個室の中で、ドアと便器の間の狭い空間で向き合っていた。山手線の車内と同じくらい狭かった。痴漢は私のとそっくりな女の子の鞄を取り、彼の横にある個室の壁に立てかけた。

それから彼は、女の子の両肩に手を置き、彼女の背中が壁に触れてもたれかかるように押した。彼が、自分のやることに注意を払っているのを感じた。何かするたびに、彼は女の子に笑顔を向けて、怖がっていないかをよく確認したがっているようだった。彼は、女の子が大声を上げないようにしているのだろう…。

女の子は今、個室の壁にもたれながら、彼に向き合って立っていた。不意に、痴漢は女の子の前でしゃがんだ。半分善人のような、半分変質者めいた笑顔を彼女に向けながら、突然、彼は両手をスカートの下に入れた。女の子からは彼が何をしているのか見えない。しかし、痴漢の手が女の子の太腿とパンツに触れ、パンツが下へ引っ張られた。

痴漢は、できるかぎり、つまり2秒ごとに女の子にほほえみながら、ゆっくりとそれを引いた。パンツが完全にお尻の下まで下げられ、今は痴漢の手で引っ張られて、太腿に沿って滑り落ちていった。

彼は、片足を上げるように合図をした。女の子は右足を上げた。彼はこの右足を持って、パンツから抜いた。つまり今、女の子は立っていて、中学校の制服を着ているが、左足首にパンツが引っかかっている状態だった。

しゃがんだまま、痴漢は目を上げて女の子を見て、今度は少し恐ろしい笑顔を作った。そして、彼は女の子のスカートの裾を持ち、不意に頭をその下へ入れた……。

私は突然、我に返った。焦点が徐々に合うと、私は痴漢が女性用トイレの中から、ますます大きく手招きしているのを凝視していた。まるで催眠術にかかっていたみたいだ。一瞬ののちに、音が戻ってきた。色が戻ってきた。私はきっと大理石の像のように固まっていたのだろう。

私はすべて理解した。自分の周囲に目をやる。誰もいない。よかった。はっきりした視野で、手招きしている痴漢を最後にひと目見た。

できるだけ早く、商業施設の階段を駆け下りて逃げた。

＊

翌土曜日の朝。ベッドの中で、初めて痴漢に遭ったときから流れた時間について考えた。私はいまや完全に彼らに囚（とら）われてしまったのだろうか？

私はベッドに沈み込んだ。縮こまって、両腕で自分を抱き締めた。とても小さくなって、布団（ふとん）の奥に消えてしまいたかった。

目を閉じて、もう一度、私に起こったすべてについて考えた。特に堪えがたいのは、この地獄が絶え間なく繰り返されることではないだろうか？　数えてみれば、私はほとんど一日も休みなく彼らに遭遇している。もし駅まで歩く道のりで起こらなければ、ラッシュアワーのときに。それでもなければ、夕方、駅や家への帰り道に。

責め苦の繰り返し。これこそが、あらゆる拷問の基本原理だ。独裁者はみんな、そのことを知っている。このようにしてこそ、被害者を弱らせることができ、それは肉体的のみならず精神的にも効果があるのだ。私は弱っている。こうして、人は自分が得たいものを誰かから手に入れるのだ。

ベッドの中から、部屋の向こう側にある鏡の中の自分を見た。私は、痴漢と一緒に公衆トイレの個室に入ることをほとんど受け入れるところだったのだ…。もし入っていたら、どうなっていたか想像してみてほしい。もし、彼が写真を撮りでもしたら？ 私は完全に彼の支配下に置かれていただろう。

一粒の涙が頬を伝って流れ落ちた。
次はいったい何が起きるのだろうか？

第七章

救済の計画

もう、次はないだろう。

母が言ったことは正しいのだろうか、山手線で起こるすべてのことは、私が悪いのだろうか？　私は、自分の人生において、私が犯したであろう間違いについて、細かく探した。もしそれを見つけて直すことができたら、もう痴漢から嫌な目に遭わされずにすむのではないか？

では、何が間違いだったのだろうか？

私は熟考し、過去の人生すべてを厳しく調べてみたが、思い当たることは何もなかった。

答えは明らかだ。間違っていたのは母のほうだ。

…とは言っても、小さな疑いをやはり見つけた。もうずっと長い間、私は容姿にコンプレックスがあり、自分がかわいくないのをどうにかしたいと思っていたので、少しでもきれいになろうと努力していた。私の間違いというのはこれなのだろうか？

外見に気をつかったから、私は罰せられたのだろうか。そしてその罰は、痴漢が私に科す責め苦というかたちで表れたのだろうか？　ある意味、これこそが母の説ではないのだろうか？

朝、少しの時間を、私は髪を整えるために費やしている。例えばポニーテール、あるいはおさげ、そしてそれらを小さなリボンやカチューシャで飾っている。また、制服についての校則の範囲内で、衣服を注意しながら選んでいる。特に、靴下を選ぶのには少しこだわっていた。小さなレースがついたものや、動物の小さな刺繍（ししゅう）がしてあるもの、あとはリボンがついていたり、といった具合だ。

だが、何時間にも及ぶ勉強とテストを繰り返す私の日常生活全体に目を向ければ、これらのことは本当に小さな点にすぎないではないか？

確かに、幼い頃から、こうした小さな楽しみが好きだった。母は私を「おしゃれ」だと言っていた。

本当にこれが問題なのだろうか？　私は、これらのことすべてを、痴漢を引き寄せるからと諦めなくてはならないのだろうか？


いや、私はそうは思わない。

私が悪いのではない。

間違っているのは母のほうだ。

もし母が正しいとすれば、それは不公平過ぎる。世界は、そんなふうであるはずがない。

痴漢がやっていることは明らかに犯罪ではないのか？

彼らの行いは彼らの問題であり、私は何も悪くない。

12歳の少女に、いったい何ができるというのか？


彼女は、単に学校へ行こうとしているだけなのだ。彼女は、家に帰るときに回り道をしないようにしているだけで、友達たちと普通の生活がしたいと思っているだけなのだ。この12歳の少女は、痴漢を引き寄せるために何かをしているわけではない。むしろ彼女は性的行動についてほとんど何も知らないのだ。

病気なのは彼らであって、私ではない。間違いを犯しているのは彼らであって、私ではない。

最後には、私は嫌になった。


強い確信を持って、繰り返す。

もう、次はないだろう。


そのうえ、私にとって衝撃だったのは、これだけたくさんの痴漢に遭いながら、男性の外見から、どれが痴漢でどれが痴漢ではないか、まったくわからないことだった。

痴漢の多くはスーツにネクタイのサラリーマンだが、そのほかに、もっとカジュアルな服装をしている男性たちもいて、なかにはとてもおしゃれな人もいる。かっこいい人もいれば、普通の人もいる。10代くらいの若い人もいれば、老人もいる、30代から50代の一家の父親に見える人たちもいる。私の親戚や、その友達に似ている人もいる。要するに、どんな人でもいるのだ。

そして、もし本当に痴漢たちの中に私の親戚が含まれていたら？　そう言えば思い出したけれど、あの印刷会社で働いている叔父が近くにいると、私はなんだか気がかりな変な感覚を覚えるのだ…。偶然にも、彼の会社のメインオフィスは、山手線の駅のすぐ近くにあるではないか…。

こうした思索の結果として、当然のことながら、私は男性を全般的にとても警戒するようになった。どういうことかわかるだろうか？　痴漢は私がどんな気持ちで触られているのか、まったく無視して好き勝手にしていた。だから、根本的に、男性たちは私が何を考えているかはすっかり無視していると考えたのだ。彼らにとって重要なのは、私を人形のように扱って、勝手に楽しむことだ。

痴漢の場合、これは明白だ。痴漢でない男性たちの場合も、彼らが私を助けるために何もしないのを見れば、残念だが、私にとって、彼らのほうが痴漢よりもましだとはとても言えないのだ。

私の考えの道筋は、当然の結果をたどっていく。もし男性を信頼できないのであれば、どのように愛を信じればいいのだろうか？

12歳で訪れた不吉な時期に至るまで、私は恋愛小説を読むのがとても好きだった。子どもの頃から読書が好きで、一年に100冊以上は読んでいた。

痴漢たちに遭ったあと、どうしたら、まるで何事もなかったかのように、これらの小説を読み続けられるだろうか？

男性が女性に対して何を求めているか、私はもう知っている。彼らは肉体的な欲求を満足させたいだけだ。もしかすると、ときにはほかのものも求めているかもしれないが。だが、この肉体的な欲求はほとんど常に、彼らの考えの背景にある。「理性的動物」としては少々失望させられることではないだろうか？

ならば、痴漢とは女性に対してすべての男性が示す一般的な態度の、極端な例というだけなのではないか？　痴漢が山手線の車内で私に触る。それはすべての男性が自分がいいと思うすべての女性にしたい率直な行為なのではないだろうか？　今や、私はそう思う。

小説に描かれている、優しさや、甘い言葉、すべての美しい感情。全部、嘘だ。これらはすべて現実を覆い隠す薔薇色のベールだ。様式とエレガンスをもって書かれると、このベールは確かに理性的な振る舞いに見える。そして、男性自身の中には、それらを信じている人もいると私は確信している。とても滑稽だ。結局、彼ら全員が追い求めているのは、彼らの欲求の充足にほかならないのだ。

「愛している。世界中で君だけしかいない！　君を永遠に愛し続ける！」と、小説のロマンティックな主人公たちは言う。嘘だ。相手がよほど醜過ぎるのでなければ、肉体的に、結局、誰でも好きになれるのだ。

そう言えば、痴漢の多くは結婚指輪をしている。彼らの気持ちの虚偽性の証拠だ。

私にとって、最も大きな楽しみの一つだったものを台なしにした。私は、もうまったく小説を読みたいとは思わなくなった。あらゆる恋愛の場面が、とても偽善的に見えるのだ。痴漢たちによるダメージはここまで来ていた。もし私が小説を信じず、文学を信じず、そして愛すら信じられなかったら、私の人生には何が残るのだろうか？

この問いの答えも明らかだろう。

何もない。私には何も残っていない。

もし、私が日常的に痴漢の存在に苦しまなくてはならないのなら。そしてそれが単に思考能力を失わせる小さな制約や義務、仕事からなる「普通の」人生を生きる権利を得るためだけだったら。絶対的に孤独で、希望も、愛もない人生が、私が死ぬまで続くのだったら…。

私の人生の意味とは何だろう？

中学校と高校を卒業したら、おそらく私は「普通の大人」になる。ほかの大人たちのように、この腐敗した社会で、死がそれを終わらせるまで残りの人生を働いて過ごす。社会は変わらないだろう。少なくとも私が生きている間は。それだけ短い時間に、本質的な変化があるとは期待できない。

結論は、次はないだろう、ということだ。これらすべてへの唯一の解決方法を私は知っている。

自殺することだ。そうすれば、すべてが解決する。

正直に言えば、痴漢に遭い始めた頃から、ごく一般的な解決策として自殺を頻繁に考えていた。痴漢が山手線の車内で私に触っている瞬間さえ、ホームでの自殺についての車内アナウンスが流れていたからだ。もはや、電車とはひと通りの悲劇が起こる場所なのだといえるだろう。

痴漢が私の太腿に手を伸ばす。そのとき、

「ご乗車の皆様、電車が遅れまして大変ご迷惑をおかけしております…」

痴漢が私のお尻に手を伸ばす。

「…この遅れは、お客様の人身事故によるものでして、S駅でたったいま起きたと連絡が入りました」

痴漢が私のパンツの下で、できるだけ奥まで指を入れようとしている、ちょうどそのとき、私は誰かが電車に飛び込んだのを知る。

必然的に、とても自然な考えの連鎖から、私は自問する。

もし、ある日、この誰かが私だったら？

私は、自殺する方法について考え始めた。私を最も惹きつけたのは、飛び込みではなく、血管を切る方法だった。

部屋で試してみた。中学校の美術の授業で、木工細工（もっこうざいく）に使っているカッターを出してくる。手首の血管の部分を、とても軽く切ってみる。

できた、血が出た。

私は何度か、腕の異なる部分を切ってみた。母の注意を引かないように、試行と試行の間はしばらく日数をおいた。最終的に、数週間で10回ほど切ってみた。毎回、見つからないように慎重を期した。

傷口の血はきちんとティッシュで拭き取った。血はそんなに出なかったのでティッシュは1枚で足りる。血を吸ったティッシュは包んでゴミ箱に捨てた。私はよく鼻血が出ていたので、部屋のゴミ箱に少し血が染みたティッシュが捨ててあるのに母は慣れていた。傷跡は3日間残ったが、それ以上経つと消えた。そんなに大したものではない。傷口を隠すために、数日間は長袖のブラウスを着た。

学校から帰ってきたとき、これをやっていた。部屋でしばらくひとりでいられると確信できたときだ。毎回、ピアノの前に座る。もし誰かが来たら、これからピアノを弾く準備をしていたと思うだろう。

カッターを手に取り、短く小さな切り口を腕に入れる。傷のまわりに少しだけ血が流れるが、床に垂れるほどではない。私は痛いとすら感じなかった。

自分を傷つけると、いつも安心した。自分が望むときに、いつでもそんなに問題なく自殺できると思えたのだ。それでも、試行が増えるにつれて、このやり方で自殺する場合の実際的な問題がわかってきた。血管を切る方法では、死ぬまでに時間がかかり過ぎるのだ。血がすべて流れる間、母は私を助けに10回は部屋に来る時間があるだろう。絨毯（じゅうたん）に落ちる雫の音が聞こえるかもしれない。そして、もっと言えば、部屋の外の床に血が流れて行けば、血の水たまりが広がって、私の計画が暴かれてしまうだろう…。

この計画は諦めなくてはならない。魅力的だが、確実でなさ過ぎる。実際には通用しないだろう。別のやり方を考えなくてはならない。私は自殺に関する本や記事をたくさん読んだ。大江健三郎(おおえけんざぶろう)の小説を読んだり、ラストエンペラーの映画の冒頭の場面を何度も見た。ハードロック好きな友達が雑誌を貸してくれて、そこに自殺に使えそうな武器や道具などを特集した記事が多く載っていた。

だが最終的には、明白な事実に屈せざるを得なかった。どれだけ調べても、山手線に飛び込むのが一番の方法なのだ。これだけ多くの人が選ぶのには、それなりに意味があるのだ。

電車が近づいてきたら、いち、に、さん、はい。それで終わり。

簡単で、早い。ある朝思いついたら、ほとんど準備もなしにその場で始められる。ただ、唯一、私を思いとどまらせることがあった。何かで読んだのだが、飛び込み自殺はとても高くつくという。線路を修理する必要があり、２００～３００万ユーロするのだという。記事には、鉄道会社が自殺者の家族に機械的に賠償金を請求するのだとあった。

私は困った。私のせいで両親が支払いを課されるのは本意ではない。彼らにそんなことをさせたくはなかった。ただ、よく考えたあと、私はこう思った。企業が、自殺志願者をくじけさせるために、このような記事を掲載することを依頼したのではないのだろうか。

私は決めた。簡単に自殺できる。どうすればいいのかも知っている。

もう、ためらいはなかった。

痴漢にとってもこれで終わりだ。彼らが散々むさぼってきた私というタダ飯はもうない。

＊

計画を実行に移そうと決意したのは、ある秋のとてもきれいな日だった。いつものように、S駅のホームに沿って歩き、山手線を待つ乗客の列のほうへ向かった。

日本の駅のホームは、フランスで慣れ親しんでいるそれと、まったく同じというわけではない。ホームの端に沿って、縁から30㎝ほどのところに、まず白い線がある。現在では点字ブロックになっているが、これは、この線より外側は電車が駅に入ってきたときに危険過ぎるので、乗客は内側にとどまっているように、と示すものである。

フランスでも、このような境界線がホームに引かれているのをときおり見かけるが、実際には誰もこの線を尊重しているようには見えない。日本では、尊重する。このあと、なぜ、この線が重要なのかを説明する。

異なっていること二つ目も、ホームの床に見られるものだ。日本の駅では、ホームに沿って一定の間隔をおいて、白く塗られた細長い印がある。この印それぞれが、ホーム上で車両の各ドアが開く場所にぴったり通じるようになっている。乗客たちは、乗車位置を示すこの印にしたがって、電車を待つ列を作る。ここでもやはり、フランスでは考えられないが、すべての人が、この電車を待つ列を尊重している。

ラッシュアワー、とくに朝の時間は、常に10人ほどの乗客がこの印のもとで電車を待っている。誰も、ほかの場所で電車を待つことはしない。ほかの乗客たちに対してあまりに無作法で、不遜だからだ。この習慣が、私の計画にとっても決定的な意味を持つことがあとでわかるだろう…。

自殺するにはどのようにするのが一番いいのだろうか？　答えはとても単純だ。電車を待つ列の先頭に並べばいいだけだ。そして電車が駅に入ってきたら、不意に線路へ飛び込み、押しつぶされたらいい。ただし、いくつか、よく注意しなければならないことがある。

まず、次の質問に答えられなくてはならない。どのようにして、列の先頭に並ぶのか？　簡単だ。電車を1本見送り、それが行ってしまったあとに、列の最初に並べば良い。これ自体は怪しまれることはない。車両の中で少しでも悪くない位置を確保するために、多くの人が自然に行っていることである。

二番目に注意しなくてはならないこと。それは、私の後ろに立っている人が、私が飛び込むのを邪魔しないようにすることだ。正直に言って、これは起こる可能性が少ない。なぜなら、私たち日本人は、公共の場所ではお互いに少し距離を保つものだからだ。みんな他人のことに首を突っ込まない。

だが、何があるかわからない。自殺志願者の「救助」について書かれた記事も読んだ。この危険を避けるためには、私のすぐ後ろに並んでいる人に近づき過ぎないよう注意をすればいい。また、飛び込むときは、決意は固く、素早く駆け出さないとならない。これが鍵だ。ほんの少しでも躊躇があれば、計画すべてが失敗する可能性がある。

私はホームで自分が動き出すタイミングを頭に思い描いた。

計画どおりに、ホームの最先端から30㎝のところに立ち、列の先頭で次の電車が到着するのを待っているところを想像してほしい。電車が到着する間隔は、およそ3分である。つまり、理論上、あと3分しか私が生きる時間は残っていない。それでも、私はパニックになってはならない。そうでなければ、すべて失敗してしまうだろう。

一方で、飛び込むために、ホームの最先端に近づくのに最適な瞬間を選ぶ必要があった。

早過ぎれば運転手はブレーキをかけてしまうし、遅過ぎれば単に電車の側面に衝突するだけになってしまう。こうなったら私にとって本当に最悪な結果となるだろう。

そこで、私はすべてを計算した。電車が駅に入ってくるときの速度を考慮して、私はホームの中腹にある列の先頭に並び、２までカウントすればいい。１、２…そして迷うことなく駆け出す！　こうすれば大丈夫なはずだ。

誰かに飛び込みを妨げられないように、素早く行動しなくてはならない。ここでもまた、私は計算をした。背の低さや歩幅を考えると、白い線から直接飛び込むことは私にはできないだろう。

身を投げ出すまでに、とても正確に二歩進まなくてはならない。一歩目は、列の足元にある白い線とホームの縁の間まで。二歩目はホームから飛び込むため。

もし私がとまどうとしたら、この一歩目と二歩目の間の一瞬なのではないかと思う。しかし、一歩目でも不安をかきたてられることは明白だ。なぜなら、これが私の人生の最後の瞬間であり、同時にこの計画を諦めることが可能な最後の瞬間だからだ！

この第一歩のあと、すべてうまくいけば、ホームに入ってきた電車が私に近づいてくるのが見えるはずだ。私は最後に電車を見て、そして死ぬ。この予定だ。

だが、ちょっと考えてみてほしい。私は一瞬で、これらすべての注意事項を完璧に守り、行動に移さなくてはならないのだ。これはそんなに容易なことではない。こんなとき、数秒、数分が、とても長く感じられるものではないだろうか？

さて、秋晴れのこのきれいな日、私は運命の3分間の初めにいた。駅に着くまでに、橙（だいだい）色や黄色の木々の葉がすばらしく美しいのを見た。駅の正面玄関から入り、私のまわりを乗客の大群が急いで行くのを眺めながら、自動改札機を通った。一つ目の電車でB駅に向かう。そして山手線への乗り換え口からホームへ向かい、静かに、ホームの中腹で電車を待つ列に並んだ。

1本の電車をやり過ごし、列の先頭についた。ここまで、すべて予定どおりにきている。ここから、今、3分間のカウントダウンが始まった。

最初の1分間、私は自殺の手順のことしか考えなかった。復習をした。私が注意しなくてはならないすべての点、私がしなくてはならないすべての行動を、どのように、どのタイミングで行うかを反復した。

朝、試験があるとき、学校へ行く道すがら勉強をしているときに少し似ていた。前に言ったとおり、私は常に真面目な生徒だった。何かをしようと決めたら、それが成功するようにあらゆる策を講じた。

…だが、この3分間のうち2分目には、気持ちが脱線し始めた。いろいろな考えが勝手にやってくるのを感じた。家族のことを考えた。母が私に笑いかけるときの顔を思った。母のことを考えたのは、痴漢に対する私の態度を彼女がとがめたあの日から、私たちの間にずっと誤解が残っているせいだった。

私は悲しかった。彼女が私のことを理解さえしてくれたら、と願っていた。そして、私は今、それはもう不可能だとよくわかっている。私は母が大好きだ。

気持ちがひどく混乱するのを感じた。それと同時に、私はすぐ後ろに立って並んでいるのが、スーツにネクタイのサラリーマンであることに気づいた。まただ！　本当に、彼らはどこにでもいる。変な目つきをしている。多分、彼も痴漢なのだろう。このことが再び私に力を与えた。

こいつは、少なくとも、私を狙うことはできない。彼は、このあと目撃することに驚くだろう…。ホームのちょうど正面にある時計が、1秒1秒を刻んでいくのを見た。私が間違っていなければ、電車が駅に入ってくるまで、あと40秒も残っていない…。すべて終わるまで40秒。この穢れた話がついに終わるまで、あと40秒…、あと30秒…、

「クミ！」

「ユリ!?」

「おはよう！」

「え、なんでここにいるの!?　いつもは通らないでしょ！」

電車が駅に入ってきた。

「うん、そうだけど、今朝は伯母さんのところから来たの！　会えるなんてびっくり。偶然だね！」

ユリはどこからともなく現れて、私の後ろに来た。

彼女がやって来るのを見ていなかった。彼女はきっと私を遠くから見つけて、こっそり近づいてきたのだろう。もうすぐ電車が到着するから、急いでやって来たのだ。私が列の先頭にいたので、並んでいる人たちを飛ばして私と先頭に並べると思ったのだろう。彼女はそういう、いたずらっ子のような、子どもっぽい面を持っている。

そんなことで、今、ここで語っているのは33歳のクミで、このいたずらっ子の面を持つ子が私の命を救ってくれたというわけだ。

第八章

痴漢の手首をつかんで、それから

その後、私の人生はどうなったか？

まず、私はその後、二度目の自殺を試みる勇気はなかった。ユリが現れたことは、結局のところ、運命だったのかもしれない。電車が私から数㎝のところをとおり、ユリが笑顔で私に話しかけたとき、初めて私の中で何かが震えるような感覚を覚えた。私はここで、12歳のときに初めて、電車が速度を緩めずに駅に入ってくるところに身を投げるというのが実際にどういうことなのかを感じ取った…。そして、この身震いするような感覚が、自殺の試みを遂行するのを妨げるだろう、ということもわかった。

それでは、それからどうしたのか？　特にこれといったこともなく、長く、遅い、そして似たり寄ったりの年月が過ぎていった。合計で6年の間、つまり、中学校と高校に通っている間ずっと、私はほぼ毎日のように痴漢に遭い続けた。

あるとき、高校生の頃、ついにスカートを短くしようとした。もしかしたら痴漢を気後れさせるのではないかと考えたのだ。私はもはや12歳の頃よりも自由で解き放たれ、強くなり、痴漢はおそらくそれを危険だとみなして寄ってこなくなるのではないか、ということだった。

しかし、現実には、そうではなかった。痴漢は相変わらず大人数で私に寄ってきて嫌がらせをした。結局、彼らを追い払うことはできなかった。

でも、大学生になると、その日々にやっと変化が訪れた。理由は明らかだ。大学では、ついに制服を着る義務がなくなったのだ。私はもう、痴漢からターゲットの第一候補として即座に認識されることがなくなった。

そしてもう一つ、特に大きな理由が、大学は東京郊外にあり、中学校と高校のように都心部ではなかったので、朝、電車で見かけるスーツにネクタイ姿のサラリーマンの数はずっと少なくなった。

この頃から私は解放され、2〜3カ月に一度ほどしか痴漢に遭わなくなった。

＊

通っていた大学は評判が高く、受験にはまあ成功したと言える。少なくとも両親は満足していた。キャンパスでは、各自が好きなように行動する。はっきり定められた社会規範はなく、それは私の中学校や高校とは正反対だった。18歳の頃のこの状況は、言うなれば私が香港日本人小学校の生徒だった頃と似ていた。私は、この遠い昔の頃とほとんど同じくらい、自由と幸せを感じていた。

そんなわけで、この頃の私は、本当に、昔よりも強くなったと感じ始めていた。

私は18歳だった。その朝、いつもどおり、大学へ行くために9時30分頃の急行電車に乗った。今日の最初の授業はフランス語だ。降車するI駅で、出口に近いように先頭車両に乗って立っていた。

平日の朝10時から11時頃のこの急行電車は、ラッシュアワーの山手線とは違う。だが、それでも、大きな乗換駅であるI駅に近づくにつれて、少しずつ乗客が増えていく。

第八章
痴漢の手首をつかんで、それから

今日は天気がよく、私はほとんどうれしいような気持ちでフランス語の教科書を手に持ち、運転席の窓から流れて行く景色を見ていた。

電車がK駅に着く。ここはI駅の直前の駅で、人の乗降が激しい。私は運転席のすぐ後ろに当たる場所に立ってフランス語の教科書を読んでいたが、人がまわりにどんどん増え、車両はほとんど満員となった。

電車が発車して、私は再びフランス語の教科書を読み始めた。と、そのとき、不快な感覚があった。それは、今やあまりによく知ったものだ。私のスカートを、見えない手が触り始めたのだ。

痴漢だ。

私は驚いた。大学に入ってから、痴漢に遭うことはかなり珍しかったからだ。

顔を上げ、加害者の顔を見ようとした。中学生だった頃は決してしようとしなかったことだ。痴漢は、すぐ目の前でこちらを見ていた。スーツ姿でネクタイはしていない若い男性だった。開襟シャツを着て、痩せていて、感じの悪くない顔だった。少々背が低かった。私より5㎝高いかどうかだっただろう。18歳の私の身長は160㎝で、その日はさらにヒールを履いていた。

若い痴漢は私の目をじっと見た。ほとんど微笑んでいるようだった。

少しの間、私はどうしたらよいかよくわからなくなった。この痴漢は私が12歳のときに遭っていた50代のサラリーマンとは少し違ったからだ。彼は私と同じくらいの年で、大学の友達といってもおかしくなかった。

もしかすると、彼は私と付き合いたいのだろうか？　一瞬そう思ったが、それにしてはやり方がおかしい、とその考えを否定した。騙(だま)されてはいけない、彼がやっていることは、すべてにおいて、痴漢だ。これを正当化できる理由はない。

私は彼の行為を思い直し、怒りが湧いてきた。電車はＫ駅をだいぶ過ぎて、次は、よし、Ｉ駅だ。電車がホームに着くときには、駅員たちがいる。すでにラッシュアワーは過ぎているので、駅員たちが仕事で忙殺されている、ということはないだろう。

今がチャンスだ。フランス語の授業の前半は出られないだろうが、それくらい大したことではない、これはもっと意味があるのだ。

不意に、私は痴漢の手首をつかんだ。彼の手首は、私の手首と同じくらい細かった。本当に若いのだ、こいつは！

私がそうしたことで、彼は驚いたようだったが、動かず、抵抗せず、私がするようにさせていた。電車は走り続けている。誰も私たちのことは見ていない。私は何も言わずに痴漢の手首を握り続け、そして痴漢と見つめ合った。

もし、誰かがこの瞬間を見たら、私たちをカップルだと思うだろう。電車が駅に着くまで、あと数分。私は頭の中で秒数を数えていた。

これまでの長い年月、耐えてきたすべての侵害行為、すべての私の恐怖、すべての私の怒り、苦しみと孤独のすべての瞬間が、記憶に蘇ってきた。私は、できる限りしっかりと、痴漢の手首を握り、その間ずっと彼を凝視し続けていた。

驚いたことに、不意に、私の目は涙でいっぱいになった。感情を出さずにいることがわりと得意だと思っていたが、どうしようもない怒りに感情のコントロールができなくなったのだとわかった。痴漢は相変わらず私を静かに見ながら、今、自分の身に起こっていることに驚いていた。

涙が一粒、私の頬を伝って落ちていった。

よし、着いた。

電車はI駅に到着した。

痴漢の手首を強く握りながら、私は車両の出口のほうを見た。ホームには、ひとりの駅員が立っている。痴漢が逃れようと、手を振り払うために軽く動いたのを感じたが、結局、彼はそれ以上抵抗せず、私は手の力を強めるだけで彼を思いとどまらせることができた。

私たちは電車を降り、真っすぐに駅員のほうへ向かった。

「この人、痴漢です」

この台詞（せりふ）は、日本ではとてもよく知られていて、テレビドラマなどで頻繁に耳にするが、実際に現実の世界で使用されるのは珍しい。さらに、私はこの台詞をもう一度繰り返さなくてはならなかった。なぜなら、駅員が私の言うことを理解できなかったように見えたからだ。彼は面食らっていた。二度目の言葉でやっと意味を理解すると、駅員は無線機を使って誰かと話し始めた。

「すみません!　この人、痴漢です!」

駅員は緊張した様子だった。おそらくこの場合における特別な手順を開始しなくてはならないのだろう。彼はそれにはあまり慣れていないようだった。

駅員は私に、この痴漢に対応する担当者が来るまで、ホームの端で待っているように言った。もうホームには人がほとんどおらず、私たち３人だけだ。私はやっと痴漢の手首を離した。人込みの中で駅員に痴漢を突き出してから今まで、なぜ私がずっと痴漢の手を握っていないといけないのか、逆ギレした痴漢に殴られ、手を離した隙に逃げられるかもしれないのに、と腑に落ちなかったが、彼はもう抵抗しなかった。

しばらくすると駅員が２人現れて、駅の別の場所へ私たちを連れて行った。毎日通学するときに通っているいくつかのドアの前を通り、一般には出入りが禁止されているドアを入って行った。駅員たちのオフィスだ。テレビの報道番組などで、この手の場所はよく目にする。オフィス・デスクが10個ほど並んでいて、その上に紙やペンが散乱していた。

部屋の中は空いていて、駅員が３人だけいた。ほかの人たちはきっと駅の各所にいるのだろう。蛍光灯の下で、彼らだけが静かに仕事をしていた。私たちが部屋に入ると、３人が同時に顔を上げてこちらをじろじろ見た。そのひとり、眼鏡の小柄な男性が、私たちを連れて来た駅員に聞いた。

「どうしたの？」

「痴漢です」

「奥の小部屋使って」

会話は簡潔だった。ますます、これらすべてが完璧に組まれた手順に思えてきた。奥には確かにふたつ小部屋があり、それぞれに金属製の小さなデスクと椅子がいくつか置いてあるのが見えた。取調室といった雰囲気だ。

　そのうち一つの部屋に入るように言われ、同時に、痴漢はもうひとつの部屋に入った。50代の男性がひとり、私と一緒に部屋に入ってきた。彼は、M県鉄道警察隊の警察官だと自己紹介した。

　私は居心地が悪かった。この小さく狭い部屋で、この男性と2人きりなのだ。部屋には、閉め切った部屋特有の匂いのようなものがある。もうひとりの別の男性が、私たちに温か

い お茶を持ってきた。

「気分は大丈夫ですか?」

「はい」

「うん、ちょっとつらかったと思うけど、今日の朝、正確に何があったのか、詳しく話してくれませんか?」

私は起こったことをすべてその男性に話し、その間、彼はノートにメモを取っていた。


「…そして、彼が私に触りました…」

「正確には、どこをですか?」

「え? ああ…、このあたりですが…」

「どうやって?」

「ええっと…、指で…」

「指でどんなふうにですか?」

「ええっと…」

これらの質問に、私はますます気詰まりになった。最も困ったのが、警察官にこのように説明していると、話がとても単純になるということだ。当然、私は自分の感情や考えの本質を詳しく話すことができなかった。

一方で、彼はそれを聞かなかった。彼が興味があるのは事実でしかなかったのだ。同時に、私は知らない50代の男性にそんなことを話すのは不可能だった。

誰が、彼もまた痴漢ではない、と言いきれるのだろうか？　私が彼に話したのは、知らない男性が電車の中で、スカートのあたりを触ったこと（正確にはスカートの上から慣れた様子で下腹部を触られたのだが、そんなことはとても口では言えなかった）。それはＫ線の急行で、Ｋ駅とＩ駅の間で、数秒間の出来事だということ。私が、彼が痴漢だと気づくまでの数秒間。

そして、そのあと…、そのあと、何と言うか、私は彼の手首をつかみ、彼は行為をやめ、私に従い、そしてここまで彼を連れてきた。こういうわけです。これだけです。

自分が馬鹿みたいだと思った。このようにまとめると、まるでほとんど何もなかったようではないか？

私が話し終わると、警察官はノートから顔を上げ、上の空のような感じで言った。

「つまり、あなたは、痴漢行為に遭いました。報告書を作成しなくてはなりません。これについて決まった書式を渡します。こちらです。私が例を見せますから、心配しなくて大丈夫です。ペンを持って、私がこれから言うことを書いてください」

そして、彼はゆっくり話し始めた。彼の声からは、ほんの少しも感情が見えず、まるで学校で書き取りをしているようだった。

「私の名前は、佐々木クミです。私は、1984年3月6日に生まれました。私は、O大学の1年生です。今日の朝、私は痴漢行為に遭いました。私はI駅へ向かうK線の先頭の車両に立っていました。K駅とI駅の間で、知らない男の人が私を触りました…」

文章を書きながら、この警察官が使う言葉はとても単純だということに気づいた。まるで10歳の小さな女の子が、自分のことを話しているかのようだ。

もし私が、起こったことをすべて書かなくてはならないことを知っていたら、まったく違うやり方で、もっと多くの詳細情報と、私の中で蘇った感覚を含めて、きちんと説明できたのに！

怒りが湧いてきた。私は、この報告書をいったい誰に宛てて書いているのかすら知らないのだ！　騙されたような気がした。このむっつりした警察官が、私を馬鹿扱いしている印象を受け、それがさらに私を苛立たせた。

「…ここに署名して、そしてそこに、こう書いてください。『M県鉄道警察隊隊長殿』。印鑑はお持ちではないですよね。大丈夫です、ここに朱肉とティッシュがあるので、親指をインクに当ててください。そう、そんな感じで…署名のすぐ下の部分に強く押し当ててください。そう、よし…。これで完璧！」

まったく茶番だった。

彼が私に書かせたいことをすべて書き、署名し、彼が差し出してきた書類に私の親指で拇印(ぼいん)を押した。朱肉の赤い色はティッシュでこすっただけでは親指から消えないと当然わかっていたが、それでもできるだけ強くこすった。

書きたての書類に目をとおしたあと、警察官は私に少し待っているように言って、部屋の外へ出て行った。私はひとりになり、ここまで痴漢を連れて来たのは本当にいい考えだったのかどうか自問した。

警察官は戻ってきて、私の正面に座り、相変わらず無表情にこう言った。

「今、あなたに痴漢行為を働いた男性のところへ行って、話してきました。彼は21歳で、つまり、あなたより3歳上で、Y市の運送会社で働いているそうです。彼は恋人がいて、もう2年、彼女と同棲(どうせい)しているそうです。彼は、とっさの出来心で、つい痴漢行為をしてしまったと話していて、もちろん、とても反省しています。もしよければ、あなたに直接謝りたい、と言っています。彼の謝罪を受け入れますか?」

「えっと…」

このような状況で、どうやって「いいえ」と言えるだろうか？

「はい、では、いいですね！　彼を連れて来ます」

あの痴漢が、私がいる小さな狭い部屋に現れた。彼は警察官と、別の警察官に付き添われていた。おそらくこの警察官が彼を別の部屋で尋問したのだろう。

痴漢は私の目を見た。彼はうっすら笑みを浮かべていた。

さっき、電車の中で私を触ったときに浮かべていたのと同じ笑みだ。

「すみませんでした」

彼は頭を軽く下げながら言った。

私は苦い気持ちで、彼との面会を承諾したことを後悔した。だが、もう遅過ぎる。どうすればいいのか、何を言えばいいのかもわからず、今度は私のほうが軽く頭を下げ、彼の謝罪を受け入れた合図をした。

2人の警察官は非常に満足げだった。

「よし。よかった、よかった。これで一件落着！」

これが、痴漢行為を受けたあとで駅員に届け出をした結果である。

最初、電車の中で、そして駅のホームで、私はわくわくしていた。痴漢にやられっぱなしにしない勇気をついに持てたことが、率直にうれしかった。私の人生で、本当に初めてのことだったのだ。だから、こんな結果は予想していなかった。まったくいい気分ではない。まるで二度、被害に遭ったようだった。

そのあと、私は大学のキャンパスへ向かいながら、相変わらず不快な後味を残しているこの出来事を反芻（はんすう）していた。フランス語のクラスに入ると、教授は30分遅刻してきた私を見て、少し驚いたような顔をした。普段、私は遅刻をしたこともなかったし、真面目で教授のお気に入りのひとりだった。私は授業が終わるのを待って、謝ろうと彼に近づいた。

「…先生、今朝遅れたのは、電車で痴漢に遭ったからなんです。そして、駅の警察に痴漢を突き出したので…」

「え、そうだったのか！　痴漢だって？」

「はい、それに、その人は私と3歳しか違わなくて、警察によると、その人は恋人と同棲中なんです。信じられません！」

「ははは、でも知ってるだろ。男なんてみんなそんなものだよ！」

私は、三度、被害に遭ったように感じた。たった3時間の間に。

このエピソードのあと、大学生の私は日本以外の場所で今後の人生をおくりたいと真面目に考えるようになった。問題を止めることができなくても、そこから逃げようとすることはできるのではないか？　この頃まで、私はこんなふうに考えてもみなかった。この、ありそうもない夢を思い付きもしなかった。つまり、痴漢が存在しない国で生きるということだ。

中高時代、私の日常生活は、ほぼ家と学校の往復のみで終わり、私の考えをとても狭めていた。私にとって、それだけが世界のすべてだった。

しかし、きちんと勉強をした若い女性にとって、外国で生きることは手の届かない夢などではない。それが急速に現実味を帯びてきたのは、大学に入ってからだった。

私自身が経験したこと以外にも、当時、日本社会で起きていたことは、私の逃亡願望を強めるものでしかなかった。

私は「女性専用車両」のコンセプトが開発されたのを見た。これはむしろ「再開発」されたのである。この習慣は１９１２年にすでに一度行われていた。当時、若い女性が男性と同じ車両に乗るのはふさわしくないと思われていたからだ。これは周囲の考え方を具現化した習慣にほかならない。被害者を守る方法に見せかけて、有罪者を攻撃しないというわけだ。

実際に、これらの「ピンク色」の車両は、利用するのがそんなに簡単ではない。まずホームで、この車両に合わせた位置に待機する必要があり、ラッシュアワーなどで人が多い場合、数が限られたこの車両まで行き着けない場合もある。ラッシュアワー以外の時間に乗るのであれば、この車両が有効な時間を選ぶ必要もある。

さらには、この車両を選ばない女性たちは、「痴漢に遭ってもいい」「痴漢行為されるのを待っている」という言説まである。「女性専用車両」に乗っていない女性なら、痴漢行為をしてもいい。これこそが目的なのではないだろうか？

私はまた、痴漢の冤罪（えんざい）について、メディアが過剰に取り上げるのも見た。そのうちの一件は、５年以上も裁判が長引いたという。冤罪とは、先ほど私の身に起きたＩ駅での出来事がすべて私がでっち上げたことだったとしたら、というわけである。

どんなに性能のいいカメラでも、混み合う車両の中では大したことを判別できない。つまり、理論上は被害者が嘘をつき、話を作るのはまったく不可能なことではない。証明が不可能であることが、すべての幻想を許可してしまう。

もし、少女たちが手当たり次第に男性を恐喝して、お金を巻き上げようとしたら？　誰がこの理論を不可能だと言えるだろうか？　まったくもって「かわいそうな男性たち」ではないか？　男性たちにとって、人生はなんて厳しいんだ…。

こうした報道の結果、結局は痴漢がのさばる社会の現状維持が正当化されるのだ…。

これが、男性が楽しむことを続けられる社会において、求められていた目的だったのではないだろうか？


そんな流れの中で、もし私が東京にいつづけたら、私の将来はどのようなものになるだろう？　結婚して、仕事を辞めて、母のように、あとはずっと家にいて子どもたちを育てて…。その間、夫は朝のラッシュアワーで痴漢になるのか？　そして年端（としは）もいかずに電車通学を始めた娘は、私と同じような道をたどるのか？　私は中学校からだったが、小学校から電車通学をしていた女性は、小学校時代が一番痴漢に遭っていた、と言うらしい…。

このような人生の、単に可能性というだけでも、このまま生きていく意味がわからなくなる。大学の2年が終わる頃には、私は日本を去ることに決めていた。

どんなことも、日本にいるよりはいいだろう、と思った。


それでは、なぜフランスを選んだのか。私が亡命できたかもしれない数多くの国々の中で、なぜ？　あまり特別なことではないが、フランスのガストロノミーがきっかけだと思う。これだけ料理の世界で奇跡を起こす国の人々をもっとよく知りたいという興味があった。美食は私にとって、この世界でもしかすると唯一の慰めだったかもしれない。「完璧」に到達できる人たちのことを知りたいと思った。

実際のところ、亡命の大きな夢と、移住の決定手続きという現実の間には深い溝があった。だが、私の場合は大学でフランス語の講師として招聘(しょうへい)されていた方が、彼自身の経験を通して、心強い手助けをしてくれた。


「佐々木さん。今期も、本当によく勉強しましたね。このまま大学院に進んでフランスへ留学したらどうですか？」

「えっ…」

大学のフランス語講師からそう言われるときまで、その手段は考えたこともなかった。

フランス好きのこの教授のおかげで、私は現実的な解決方法を手に入れた。どのように日本を離れればよいかが具体的に見えた。たゆまず、意識しながら、よく勉強して、日本とフランスの煩雑な大学や役所の手続きを経なくてはならない。でも、大丈夫。こんなこと、6年間も痴漢被害に耐え続けた人間にとって、そんなに大したことではない。

＊

すべてが予定どおりに進んだ。4年後の夏、ついにそのときが来た。

最初のフランスでの経験をよく覚えている。パリのシャルル・ド・ゴール空港に到着した日だ。12時間のフライトを終えて、私はシャルル・ド・ゴール空港のターミナル1の入国審査の列に並んでいた。

建物はあまりきれいではなかった。少し黄色っぽい雰囲気で、少し暗く、廊下はあまり清潔ではなさそうだった。そして、私は少しナーバスになっていた。なぜなら、これが私が日本を去って、外国にひとりで住む初めての経験だったからだ。それに今回は片道切符。帰りのチケットは持っていなかった。

私はまた、少し怖かった。頭の中では、14歳くらいのときに東京で出会った白人男性のことを思い出していた。

その日、私はユリと一緒に学校から帰っていた。山手線に乗っていたが、2時か3時頃の午後まだ早い時間だったので、車両にはとても人が少なかった。私たちは車両の窓に沿った長い席にゆったり座っていた。

私たちのまわりは静かだった。車両はやわらかな太陽の光に照らされている。珍しく、ユリと私は何も心配せずに、とりとめのないことを話して笑っていた。降りる駅の一つ手前の駅で、ひとりの外国人が、もっと正確には西洋人が車両に乗り込んできた。

席はどこでも空いているのに、彼は座らなかった。彼は近づいてきて、私たちのすぐ前に立ち、車両の天井から下がっている吊り革につかまった。

彼は白い肌で、髪はブロンドで、緑色の目をしていた。おそらく20代くらいだろう。サーファーの映画にでも出てきそうだった。ドッカーズのズボンを穿いてTシャツを着ている。若い観光客か、数カ月の間、日本に滞在している留学生か何かだろうと思った。

電車が発車し、ユリと私はおしゃべりを続けていた。すると、この西洋人の、吊り革を持っていないほうの手が、彼のズボンのファスナーのほうへ動いていった。私は彼を見ていたわけではなかったが、彼が私たちの真ん前にいるので、彼がすることが視界に入ってきたのだ。

こんなところでファスナーに手をやるなんておかしいな、とちらっと思いつつ、ユリと私は、何もなかったように話し続けた。他人をあまり見たらお行儀が悪い。しかし視界に入ってくる若い西洋人はそのままズボンのファスナーを開け、中に手を入れて何かを手探りし、触っていた。このとき、ついにユリが私に小さい声で言った。

「ねぇ、ちょっと待って。この人が何してるか、見た?」

そして彼はペニスを取り出した。私はそのときまでにすでに多くの痴漢に遭っていたが、

彼らの性器は見たことがなかった。だから、これが私が誰かの性器を車両の中で見た最初で最後だった。薄茶色のぐんにゃりした物体を出していた。

電車はいつものように走り続け、車両の誰も、何が起こっているのか気づいていないようだった。ユリと私は完全に仰天していた。

露出者は私たちを見ながらうっすらと微笑み、私たちの目の前で露出した自身を愛撫し続けた。ユリは少しパニックになった様子で、小さい声で私に話し続けた。

「ちょっと、この人、何してるの？　あれを外に出してるんだけど！　ありえない！」

ユリはもう完全に私のほうを向いていた。この男の目の前に正面を向いて座り続けたくなかったのだろう。だが、私に耳打ちしながらも、彼女はときどき彼のほうを見た。私も激しいショックを感じていたが、平静さを保ち、まったく何も異常なことなどないかのように見せかけていた。

「見たらだめだよ、ユリ！　誰もいないかのように振る舞わないと。でないと、ますます喜んじゃうよ」

幸い、電車は次の駅のホームに滑り込み、ドアが開くやいなや、私たちはできるだけ早く降りた…。そして、この話はここでおしまいだ。

ユリと私には、山手線の西洋人の露出狂は衝撃だった。ひどかった。最悪の悪夢の中ですら、西洋と日本の変質者が合体した形態なんて、あまり遭う機会はないだろう。

まず、ユリと私は明らかに、日本をうろつく西洋人の変質者にとってすら、ひと目見ただけで性的ターゲットとして識別できる存在だったということがショックだった。学年で最も痴漢被害に遭って苦しんでいる2人が一緒にいたら、がら空きの電車の中でさえ痴漢を引き寄せるのか。しかも、これまでお互いに遭ったことのない形で…と、自虐的な考えにとらわれた。と同時に、ユリと私をターゲットにするのは日本の痴漢だけではないことにも気づき、普段よりさらに落ち込んだ。救いようがない気がした。

当然、少女が被害者となる性的倒錯は、日本固有のものではない。単に、西洋では別の形を取ることが多いだけだ。私の話は、何も太陽系の中の遠い惑星の環境についてのドキュメンタリーではない。日本は確かに極端なケースかもしれないが（島国だから）、これは世界中で起こっている一般的な現象の中の、極端なケースなのだ。

今、あなたが読み終わろうとしているこの本で、私はもう一つのエピソードを打ち明けておきたい。この本は、最初、私が出版の可能性が高いと思って打診していたフランス人女性編集者から、拒否の返事を受けた。驚いて、私は即座に、なぜこのテキストが彼女の興味を引かなかったのか訊ねた。

彼女が何と答えたかわかるだろうか？

「なぜなら、これは私にも起こったことだからです。あなたとまったく同じ年のときに。私はもうあのことは二度と思い出したくない」

なぜ、フランスに着いたときに、私が少し心配だったか、おそらくこれで説明がついただろう。シャルル・ド・ゴール空港の入国審査の長い列で待たされながら、たったひとりで、私はこの西洋人の露出狂のことを思い出していた。日本を去ってきたのに、私が逃げたかったものと同じくらいひどいことがここにもあったら？　急に私は不安になり始めた。

列はゆっくり短くなっていった。旅行者がたくさんいて、入国審査の係員は少なかった。私は遠くから彼らの顔を観察していた。気難しい雰囲気だった。細かいところまで調べ上げて、私たちの中から犯罪者を見つけ出そうとしているようだった。

係員たちは、何人かの人々には、かなり長く質問をしている。彼らは係員の質問にすべて答えるのが難しいようだった。そう言えば日本にいるとき、書類不備で空港で追い返された人の話を聞いたことがあった…。この考えに、私は心臓のあたりがぎゅっとなる気がした。

もう一度、3カ月間有効の暫定ビザを確認した。万が一、ここで不備を見つけたとしても、もう何もできないことはよくわかっていたが。私は大きく息を吸った。私の前には、あと3人…。その中に、60代くらいの日本人夫婦がいた。入国審査の係員の不意の質問に、完全に途方に暮れているようだった。

彼らは明らかにフランス語はひと言も話せず、英語も話せないのではないかと私は思った。いずれにしても、係員も英語を話せる様子ではなかった。そして、夫婦が狼狽(ろうばい)しているのをとくに心配する様子もなかった。

係員は反対に、明らかに苛立ちをあらわにし、ぶつぶつ文句を言いながら、彼らが言われた書類を探す間、入国審査のスペースの脇に行くように指示した。この夫婦が、どの書類を見せればいいか理解しているかどうかわからなかったが、ここで彼らを助けに行かないほうがいい、との直感に従った。さあ、あと、ふたり…。この人は早く終わった…。あとひとり…。

私は窓口に近づき、係員にパスポートとビザを渡した。この係員はかなり若い人だった。25歳から30歳くらいだろう、短く立った髪を整えて、少し細めた小さい目をしていて、いかめしい雰囲気の制服と、それとは対照的な、小さな丸い眼鏡をかけていた。


「ハロー、コンニチハ！」

私が前に立つと、彼は陽気に言った。

一瞬にして、彼の表情が完全に変わったのは驚くほどだった。


「ボ…ボンジュール」

「ハハハ、フランス語話せるんだね！」

「えっと、はい、これからフランスに住むんです」

私は、ここまで係員が一度も私のビザを見ていないことに気づいた。

「いいね！　じゃ、そのうちカフェでも行かない？　滞在中にいろいろ教えてあげるよ。携帯番号あげるよ？」

私は、答えるべきか、答えないべきか、驚きつつも困っていたときに、不意に「EUパスポート保持者」専用の隣の列から、20歳くらいの若いフランス人が出てくるのを見た。私は驚いてそちらを見たが、係員はもっと驚いたようだった。そのフランス人は自己紹介をして、まだ鞄の中から書類を探していた先ほどの老夫婦に、手伝いを申し出た。

入国審査の係員はこの乱入に驚き、少し眉をひそめた。係員は、このフランス人にカフェや電話番号の話の続きを聞かれるのではないかと思って困ったような気がした。

しかし、私は彼よりもっと驚いた。彼ら3人、つまり、このフランス人と老夫婦が話していることがはっきり聞こえてきたのだが、この若いフランス人は流暢（りゅうちょう）な日本語で話しているのだ。

これは予想外のことだった。空港の灰色がかった雰囲気や、これまでのネガティブな考えをすっかり忘れてしまった。この優しい気遣いが、私を急にとても幸せな気持ちにしたのだ。

そして、もちろんこの老夫婦も、こんな展開は予想していなかったようだった。彼らはこのフランス人に対して少し警戒すらしていたが、もしかすると、詐欺師だと思ったのかもしれない。彼らはガイドブックで、フランスの空港を徘徊しているスリや泥棒について読んでいるはずだ。

あきらかに、この人は泥棒ではない。このフランス人は、係員と話し始め、次に老夫婦に日本語で、どの書類を提示したらいいのかを伝え、たった数分の間にたちまち事態は元通りの秩序に戻った。

そしてこの若いフランス人は、来たときと同じように素早く消えてしまい、どこに行ったのかもわからなかった。


預け入れ荷物を受け取ったあと、旅行者専用ゾーンから出ると、私と同じ大学の生徒で、フランス人の彼がいるのでとパリに住んでいる友達のミカが空港まで迎えに来てくれていた。驚いたことに、ミカの彼が話しているのは、先ほど日本語を話していた若いフランス人だった。

そのうち、彼らは同じ学校出身の知り合いで、空港で偶然出会ったのだということがわかった。このフランス人は、どうやら私と同じ飛行機に乗っていたようだ。私は彼に尋ねた。

「それで、今は何をしているんですか?」

「僕は日本の鉄道における経済について博士論文を仕上げているところなんです。山手線の主要駅と電車に関する研究を東京で続けていて、帰ってきたところです。こんなテーマを選ぶなんて、この50年来で僕が初めての西洋人だと思いますよ」

「そうなんですね。それは興味深いですね」

「それと、ときどき僕は小説を書いて出版しているんです」

「へぇ…」


その日、私たちの会話はそこまでだった。だが、私は彼のことを忘れなかった。そして何年かあと、このフランス人とパリで再会し、日本の電車について熟知している彼に、私は言った。

もしかしたら、あなたの次の小説の題材になるような話をできるかもしれない。ちょうど電車の車両での話で、おそらくあなたがこれまで聞いたことがない、日本の視点と結び付く話だと…。

こうして、すべてが始まった。

同じ頃、私はたまたまインターネットで、大阪大学の日本文化史の准教授の興味深い論文を見つけた（岩井茂樹「痴漢」の文化史：「痴漢」から「チカン」へ（『日本研究』49巻、2014年、147‐181ページ）。

この論文で彼が説明するところによると、痴漢という言葉は中国から来て、江戸時代（1603〜1867）に登場するが、現代とは同じ意味ではなかったという。当時、痴漢と言えば、単に馬鹿な男性を指し、性的なこととは何の関連もなかったのだ。そして1890年代から、時間とともにこの単語の意味は変化を遂げ、罪状の重さにかかわらず、性的犯罪の加害男性を指すようになってくる。

1908年からは、作家の幸田露伴が、美しい女性にしつこくつきまとう男性を表すのに、この言葉を用いた。ただし、相変わらず、少し馬鹿な男性という意味も混ざっていた。阪大のその准教授は、痴漢という言葉が、本当に純粋に性的な意味合いで使われ始めたのは1952年からだと指摘する。なぜなら当時、特に卑劣な性犯罪が起きたからだった。それは強姦殺人だった。

公共交通機関について、この准教授は、1905年生まれの女流作家の大変興味深い記述を見つけている。1920年代の東京で、彼女自身が痴漢に遭ったときのことを記述したものである。彼女はこのように書いている。

〝数え年十八歳で上京して、職業婦人となってから、東京が恐るべき大都会であることを如実に知らされたのは、いかに痴漢が多いかということからであった。〟

（平林たい子『にくまれ問答』カッパブックス、１９５９年、１０８ページ）

さらには、日本の大作家の作品にも、痴漢についての言及は頻繁に見られる。１９１８年の芥川龍之介のものや、１９３３年の谷崎潤一郎のものなどである。

だが、痴漢についてはいつも「ついでに」書かれている程度である。電車内のケースについて詳しいものは、少なくとも１９３０年代から事例がある。

例えば、次は探偵小説からの引用で、女性ジャーナリストがこの小説において、自分が電車の中で犯した何件かの窃盗について打ち明ける場面である。

〝貴郎が自分の仕事に計り没頭して私を保護して下さらないから悪いのです。朝夕混雑した電車の中で、私は随分失礼な事をする男達に遭うのよ。その度に私は口惜しくつて、どうして復讐してやろうかと思うのです。人中でそんな事を荒立てれば、結局自分の恥になる許りです。どうせ日本の電車では、淑女に無礼を働いた男を引擦り出して呉れるような紳士はありません。ですから何かの方法でそんな奴達を酷い目に遭わせてやるより他仕方がないのです。〟

（松本恵子『松本恵子探偵小説選［論創ミステリ叢書7］』論創社、2004年、43-52ページ）

この女性の悔しい気持ちは、時代を超えて、実感として本当によくわかる。でも、たとえ復讐の方法としてこのような考えが浮かんだとしても、当時の真面目な私は、自分自身が犯罪者になるようなことは決してしなかっただろう。「いつでも人には礼儀正しくしなさい」「真面目で淑やかでいなさい」と、それを美徳として教わってきた私だったら、到底考えもしない方法だ。

そして1960年代、大江健三郎や野坂昭如（『火垂るの墓』の原作者だ）といったほかの作家たちも、痴漢の存在に言及し始める。これも阪大の例の准教授によると、痴漢の捉え方には2種類あったという。

まずは、フロイトの説に光を当てて、この現象を分析する人たち。この場合、多かれ少なかれ、すべての人にリビドーがあるのだから、結局すべての人が痴漢になり得る、というもの。なんていいニュース！

そしてもう一方は、ジャン＝ポール・サルトルの実存主義によって痴漢の現象を説明しようとするもの。男性にとって、痴漢行為をすることは、群衆の中で男性性を強調することであり、同胞たちに対して、世界に自分というものの存在を強調することだという。

今日、これらの2種類の「説明」は納得できるものではない。これらの説が、引き合いに出している思想家たちに本当に忠実であるのか、私はわからない。

だが、そうであっても、これらの説は、非常に暗示的だ。日本社会での、このような恒常的な意志は、この、日常にあふれた異常な行為を、隠蔽（いんぺい）するか、あるいは、あらゆる手段をもって正当化しようとしているように思えるのだ。

いずれにしても、この論文のおかげで、これまで「痴漢の現象」について、12歳の少女の目から記述したものは明らかにない、ということもわかった。

日本では、痴漢という言葉は誰もが知っている。それでも、30歳を超えた今、私自身の家族にこの本を見せてみて初めてわかった事実がある。痴漢という言葉は、すべての日本人に同じ現実を想起させる語からはほど遠いということだ。

母は、この本を読んで泣いた。

父は、やっとのことで読んだ。毎行、彼の中に怒りが湧き上がり、また同時に無力感を抱いたからだという。

彼は一度に1ページか、続けて2ページ以上は読むことができず、読んだあとの時間は一日中ずっと平静心を取り戻すことができなかった。

弟は、この話を読んで驚愕（きょうがく）した。なぜなら、同じ屋根の下に住んでいたにもかかわらず、わりと仲良しの姉に起きていたことを、まったく何も知らなかったからだ。

読み終わったあとに、弟は私にこう言った。

「痴漢というのは、スカートの上から一瞬、軽くなでるくらいだとばかり思ってた…」

母も、自分もそう思っていた、と言った。他人のスカートをなでるのも迷惑行為にほかならないが、ともかく長い長い年月のあと、こうして私はついに、私が12歳だったときの母の反応の理由を理解できた。私が初めて山手線で痴漢に遭ったと話したとき、そう、この本の第1章で話したときのことだ。

　おそらく多くの人々にとって、痴漢という言葉の意味は、私にとってその言葉が持つ意味とは違うのだ。それも当然、実際に痴漢に遭ったことがなく、痴漢の話とも無縁に生きてきた彼らにとって、この言葉の定義は、とても曖昧なのだ。

　しかし、当時、私たちはそれについて話し合うことができなかった。誤解が20年もの間、ずっと続いていた。そう考えると、不条理で悲しい。

　これも、私にとって、自分の話を出すことが必要だと感じさせられた原因だ。このような無理解な状況が、また起きることがないように。被害に遭って、つらい思いをした子どもが、さらにつらい思いをすることが少しでも減るように。

　私はフランスに、もう10年以上住んでいる。それでも、東京に戻るたびに、中学生の頃の記憶が、そのまま蘇ってくる。かつて私が乗っていた山手線に乗ると、私のまわりには、丈の長い制服と白い短い靴下の、小さい女子中学生たちがいる。私は気分が悪くなり、かつての戦慄(せんりつ)を思い出し、私の膝が震えて止まらなくなるのを思い出す。どんなに天気がよくて、どんなに外が明るくても、黒いフィルターを通したように視界が暗く、狭くなっていくような錯覚を覚える。それと同時に、お腹(なか)の中に黒い重い塊があって、それがじわじわと内側から体全体に痛みを与えているような感覚になる。

あの頃から、状況はほとんど何も変わっていないのではないだろうか？　もし、この小さい本が、これらの中学生のひとりでも、私が苦しんだように苦しまないことへの助けになることができればいい。そして、不条理な異常がまかりとおり、加害者への罰が付与されず、相変わらず痴漢が楽しむこの社会に、一つでも良心が立ち向かう助けになることができれば、この本は、完全に無駄というわけでもないと言えるだろう。

解説　医学博士　ガダ・アテム

子どもに対する暴力に、どうして慣れることができるだろうか?

子どもが長い期間ずっと被害者となる性的暴行に対し、どうして我慢でき、普通のこととして目をふさげるだろうか?

親が自分の子どもの苦悩を見ず、聞かず、理解しないということを、どうして想像できるだろうか?

この「世界で一番安全な国」で、クミというひとりの女の子が信じられない出来事に遭遇し、恐怖のパニックに陥る。自分の身体について、異性の身体について、性に対して、彼女は何も知らず、何が起きているのか理解することさえできない。問題は根深い。

さらに、服装や、不用心、故意に挑発的な態度などの落ち度があったのではないかと周囲は被害者を非難し、罪の意識を持たせる。すぐにわが子の落ち度を非難した母親の反応や、機械的に対応する警察官に直面し、クミは何も信じられなくなる。

無関心の渦中で、繰り返される暴力、恐怖、パニック。


「それは染みのようだった」

クミは私たちに言う。

「何か恐ろしいものが、私の身体の中に広がっていくような気がした」

この何かは、恥の意識であり、怯(おび)えであり、無力感である。消えてしまいたいと願う気持ち、そこから逃れるために自分自身を消し去りたいという気持ちである。


この物語は、日常を淡々と描いたものである。恥、罪悪感、孤立、絶望。たとえ加害者がいるとわかっても、真実を聞こうとしない家族たち、ぎこちなくしか反応できない母親たち。

新鮮な肉体の愛好者たちは、彼らの性的衝動とフラストレーションを無力で哀れな被害者たちにぶつける。被害者は沈黙を押し付けられ、加害者が罰せられることはない。

この簡素な小説で、クミはベールをはぐ。一連の出来事が起きていたときには、誰にも話すことができなかったことについて。加害者が望むすべてが消費され尽くされるように、考えられないことを受け入れるように仕向ける影響力について。

心理的外傷の専門家たちが、精通した概念をもって私たちに説明することを、クミは私たちに打ち明ける。あるときは露骨に分析し、あるときは慎重に示しながら。傷、疲労困憊（ひろうこんぱい）、そして救済となる飛び込みまで、彼女は何も隠さない。逃げるということは、確かに、復興することだ。しかし、どんな瞬間にも、イメージや音、匂いが、耐えがたい記憶を鮮やかに蘇らせることからは逃れられない。

解説

精神保健福祉士　社会福祉士　斉藤章佳

本書『ＴＣＨＩＫＡＮ』は日本で最も多い性犯罪といわれる電車内痴漢の実態を被害者側から赤裸々に綴（つづ）った貴重な一冊である。いまや「ＣＨＩＫＡＮ」は、「ＴＳＵＮＡＭＩ」や「ＴＥＮＰＵＲＡ」のように日本を代表する言葉である。海外からは「なぜあんな安全な国で毎日のように電車内で性犯罪が起きているんだ」と皮肉混じりに語られているのだ。日本人として何とも恥ずかしい限りだ。

世間一般のこの問題にあまり関心のない人は「痴漢」と聞いて他人事に思うかもしれない。痴漢自体の実態が世間で殆（ほとん）ど知られておらず、ある人はすれ違い様に軽くお尻を触ってくるのが痴漢だと認識している。そして、多くの人は中高生が毎日のように満員電車で被害にあっているとは知らない。だから、「痴漢は悪いことだと分かっているが、なぜそこまで騒ぐのか？」というような疑問を感じている人も少なくない。特に、男性の場合、「それよりも痴漢冤罪が心配だ」と声高に訴えているのをよく目にする。本書はそんな痴漢問題に関する認識を覆すには格好の資料である。

私は長年性犯罪者の治療に携わる中で、被害と加害における知られざる多くの真実を知ることになった。その実態を明らかにした内容をまとめ『男が痴漢になる理由』（イースト・プレス　2017）という書籍として出版した。出版してから反響の大きさに驚いたが、その理由はすぐにわかった。それは、日本にこれだけ蔓延（まんえん）している最も身近な性犯罪である「痴漢」について実態を明らかにした書籍が今までなかったからだ。

私が勤務している榎本クリニックでは、現在まで2000名を超える性犯罪歴のある患者の治療にあたってきた。その中で最も多いのが痴漢であり、次に多いのが盗撮だ。厳密に言うと、反復する痴漢行為は精神医学的には「窃触（せっしょく）障害」という診断名がつく。クリニックで再犯防止プログラムを受ける多くの痴漢常習者は、スーツにネクタイを締めている妻子あるサラリーマンだ。これは本書の中に出てくる痴漢像と一致している。非モテ男子でも、中年童貞でも、性欲を持て余している男性でもない。彼らは性欲モンスターではなく、極めてどこにでもいる普通の男性なのである。

そして、驚くべきことに彼らの大多数が制服を着た女子中高生をターゲットに毎日痴漢行為を繰り返している。その中には、驚くべきことに被害者と同世代の娘を持つ父親もいる。この辺りも本書で明らかになっている事実と同じである。

作者である佐々木くみさんは中高生の頃、毎日のように電車内で痴漢にあっていた。本書では、著者の被害体験を通して、我が国で毎日のように発生している痴漢被害の一端が明らかになっている。彼女は、毎日ように痴漢被害にあう中で本当に悩み苦しんでいた。家族に助けを求めたが「あなたにも落ち度がある」と責められ（セカンドレイプ）、それ以降は大人に相談することを諦め、声を上げようにも恐くて抵抗できず、もし抵抗した結果ストーキングされ住んでいるところを特定されたらどうしようと見えない恐怖と戦い、日に日に自尊心は削られていき、最後は自殺を考えるぐらいまで追い詰められていた。

なぜ、痴漢は何の落ち度もない女子中高生を狙うのだろうか。派手な露出度の高いセクシーな女性を狙うのではないのだろうか。また、自分のタイプの女性を狙うのではないのだろうか。それとも、ただの制服マニアだからだろうか。

その答えは、治療を受けている彼らに聞くのが一番早い。多くの痴漢は、その根底に「認知の歪み」を抱えている。それは、つまり痴漢行為を繰り返すために本人にとって都合のいい認知の枠組みとしての世界観のことで、彼らはその痴漢行為を繰り返す中で男尊女卑的価値観に裏打ちされた「認知のゆがみ」を育んでいくのだ。そう、まさに大切に大切に誰にも傷つけられないように育てていくのだ。

わたしは、この現象を講演などでは「痴漢は痴漢脳になっていく」という文脈で説明している。著者に痴漢をしていたサラリーマンたちも同様の「痴漢脳」を持っていたはずだ。気分が悪くなる読者もいるだろうが、以下にその痴漢脳が紡ぎだす代表的な「認知の歪み」をご紹介したい。

●最初は嫌がる女性が多いが痴漢されているうちに女性は気持ちよくなってくるものだ。

●ちょっと触れるぐらいなら気づかれていないし、もっとひどいことをやっている奴はたくさんいる。

●こちらをチラチラ見ている女性は痴漢されたいと思っているはずだ。

●女性は無意識のうちに痴漢されたいという願望を持っている。

●隙が多い（寝ている・飲酒・終電など）女性は触られても仕方がない。

●今週も1週間仕事を頑張ったから、自分は痴漢しても許される。

●こんなに惨めな気分になったのはすべて女性のせいだ。だから痴漢をしても許される。

●女性は男性から痴漢されることで性的満足を得るものである。
●相手から近づいてきたから痴漢してもいいだろう。
●痴漢の多い埼京線だから、やってもいいだろう。
●まだ目標人数に達していないから、もう一人ぐらい触ってもいいだろう。
●10人に1人は痴漢されることを望んでいるのではないか。
●妻とは随分セックスレスだから、痴漢に走っても仕方がない。
●「痴漢は犯罪です」というポスターがあるが、自分のやっていることは少し触るだけで痴漢ではないから犯罪ではない。
●女性専用車両に乗っていない女性は、痴漢されたいと思っている。

これらを読んで読者はどのような感想をもっただろうか。これは、約800例を超える痴漢常習者の「認知の歪み」をヒアリングにより明らかにしたものである。忘れてはいけないが、このような歪みを抱えている者の多くは四大卒・妻子あり・サラリーマンである。性欲が暴走してとめることができない性欲モンスターではない。かくいう私も彼らとなんら変わりない同じ属性だ。

何度も言うが、彼らはこのように現実を自分の都合よく捉えながら痴漢行為を繰り返す。

彼らの頭の中には、怖くて抵抗できない、恐怖で身動きできない女性は痴漢「ＯＫ」のサインである。体を震わせていれば俺のテクニックで感じていると捉え、ふらついて近くにきたら自分から体をすり寄せてきたと捉え、にらんできたらアイコンタクトと捉える。

彼らは逮捕されることを異常に恐れている。それはそうだ。サラリーマンにとって、家族を失うことと仕事を失うことは自らのアイデンティティーの崩壊を意味し、社会的な死を意味する。一方で、彼らは被害者についてよく勉強をしている。つまり、おとなしそうで泣き寝入りしそうな人を選び、多少痴漢をしても相手が被害を訴えることは稀（まれ）で、通報するのも10人に１人ぐらいであるという警察庁の調査「電車内の痴漢防止に係る研究会の報告書」（２０１０）も大方頭に入っている。仮に逮捕されたとしても、初犯で容疑が「迷惑防止条例違反」の場合、実刑になることはなく、刑事事件に強い弁護士に頼めば示談にすることも可能だ。そのあたりの法律や刑事手続きについても熟知しているし、情報収集には余念が無い。

本書にも出てきたが、最後は警察が「ほらほら、この人もこんなに反省しているのだからゆるしてやったらどう？」「この人も立派な社会人で家族もいるんだから」といって守ってくれるということまで知っている。もちろんこんなふうに痴漢被害を無かったことにするような警察官ばかりではないが…。

　ということから、実は痴漢の場合、痴漢で人生が終わるわけではないのである。人生が狂わされるのは、むしろ一生のトラウマが残り、電車にも乗れなくなり自尊心を根こそぎ奪われる被害者の方だ。

　さて話を、なぜ彼らは女子中高生を狙うのだろうかに戻そう。もうお分かりだろうが彼らにとって制服という記号は「従順の象徴」なのである。制服はその人の個性を消し、自己主張を抑圧する。まさに、彼らのロジックにピッタリである。それは、匿名性が保証された満員電車にもってこいのコスチュームなのだ。ここでも多くの痴漢から「満員電車で制服を着ているおまえらが悪いのだ」という声が聞こえてきそうだ。


最後に断言しておこう。

痴漢問題は、満員電車が悪いのではないし、女性専用車両が悪いのではない。

痴漢問題は、抵抗しない被害者が悪いのではない。

痴漢問題は、制服を着ている女子中高生が悪いのではない。

痴漢問題は、短いスカートや露出の多い服装が悪いのではない。

痴漢問題は、痴漢加害者本人の問題なのだ。

おわりに

佐々木くみ

「すべての親に、まず読んでほしい」。

これが、日本での出版に向けて本書を改めて読み直して思ったことだ。

初めて痴漢に遭った12歳のとき、帰って母に打ち明けたら、母はすぐに心配してくれて、それですっかり安心できて楽になれると思い込んでいた。それでも、性的な話を母としたことは小学校高学年のときの生理の話くらいだから、痴漢に遭ったと言ったら腰を抜かすほど驚くだろうとも思っていた。母は私と同じくらいショックを受けて、その共感によって私は絶対的な理解者を得て安心できるだろうと思った。逆に言えば、それくらい母への信頼は絶大だった。だから、本文でも書いたように、私の「今朝、痴漢に遭った」という言葉を聞いた直後に、母が厳しい顔で私への注意を述べ始めたときは本当に驚いた。

痴漢のことを母に話すまで、私は痴漢が一方的に悪いと思っていた。中学一年生だった当時、クラスにはスカート丈をアレンジして短くしたり、校則に反して流行りのアクセサリーを身につけている子もいた。そんな中で、私は生真面目に校則に従っていて、学年でもスカートの丈が長い生徒だった。見るからに模範的な格好をしているという自覚があった。だから、まさかその私に非があるなんて思ってもいなかったのだ。母からの注意には心から驚き、ショックを受けた。

母が好むとおり、これ以上ないほど真面目な格好をしているのに、その格好の何が悪いのか。考えても考えてもわからなかった。巷には当時全盛期のいわゆるコギャルたちが、派手な装いに短いスカートで闊歩しているのを通学路でもよく見かけた。車内の吊り広告などを見ても、彼女たちこそ世の中では未成年の性的ターゲットの代表格であるのは私にもわかった。彼女たちのような格好は私にとっては別世界のファッションだった。

母に注意されて、「これでもまだ真面目さが足りないのか」と思った。だが、真面目な生徒の格好をしていても痴漢は現れ続ける。いくら考えても、何が悪いのか、何が痴漢を惹きつけるのかわからない。今思えば冗談みたいだが、イスラム教徒の女性が身にまとうブルカのような、どんな顔の人が、どんな格好でいるかもわからないようにすれば、ようやく痴漢に遭わなくなるのではないか、と本気で考えたことも覚えている。でも、まさかそんな格好で朝の通学電車に乗るなんて非現実的で実現できるわけもなく、お手上げだと絶望してしまった。

まさか、地味でおとなしそうで、真面目そうな子が痴漢に狙われやすいなんて、そんな理不尽な理屈は思いもつかなかった。こんなに真面目に、毎朝重い荷物を持って必死になって学校へ通っているだけなのに、なんでこんな目に遭わないといけないんだろう。私の何が悪いんだろう。絶えずそう思っていた。

母の影響力は強かった。でも、30代になり、友人たちが母になって手探りで子育てをする姿を身近に見て納得できたことがある。

親だって、痴漢に遭ったことがなくて、痴漢を見たことがなければ、痴漢について何も知らないのは当然のことなのだ。実際、同年代の友達でも、痴漢に遭った記憶がまったくなくて、痴漢については興味がない人もいる。彼女とはとても仲がいいが、自身が遭ったことも被害を詳しく聞いたこともないので、どこか他人事にしか聞こえないそうだ。

私だって、かつて自分が被害に遭っていなかったら、あえてそんな気分の悪くなるようなことを知りたくもないし、触れたくもないと思うだろう。その気持ちはとてもよくわかる。でも、もしかしたら彼女の子どもが近い将来、痴漢に遭うか、むしろもう遭っている可能性だって否定できないのだ。その子が、真面目で普通の生活を送っていたとしても。

本書のもととなったフランス語版の『TCHIKAN』を制作していた頃、母に本の話をするかどうかはすごく悩み、つらい気持ちになった。あれから痴漢のことは一切話していなかった。20年近く経った今になって、何があったかをすべて伝えたあとに、母からやっぱり私が悪かったんだともう一度言われたら、もう立ち直れないかもしれない。でも、この原稿だったら、信頼できる大好きな母にきちんと伝わるかもしれない。ひょっとしたら、12歳の私が期待していたように、私と同じくらいショックを受けて、つらかった年月を理解してくれるかもしれない、と淡い期待を抱いてもいた。

もうすぐ初稿が出来上がるというときに、実はこんな本を書いているんだ、と、目をまともに見ることもできないまま両親に口頭で伝えた。原稿はメールで送り、時間があるときに読んでもらうことにした。一日経ったか経たないかのうちに、母から電話がかかってきた。母は電話口で泣いていた。20年の期間を経て、ようやく理解してもらえたのだとわかった。気がついたら私も泣いていた。

私はずっとつらい思いをしてきて、それで必死だったけれど、今は母のほうがつらいかもしれない。母は、私が思春期に入った頃、娘には何かわだかまりがありそうだと察していたかもしれないが、目立った問題もなく娘を育て上げたと思っていたはずだ。それが今更になって、我が子が通学途中でひどい目に遭わされ続け、挙げ句の果てに自殺まで考えていたことを知らされた。母の思いはどんなだろうか。

母はこんな被害に遭ったことがない。さらに、通学の電車内に危険があるということを、学校も、PTAも、親同士のコミュニティーも、警察も、誰も教えてくれない。ならば、母はわが子を脅かす痴漢の存在をどこで知るというのか。まだ第二次性徴期に入ったか入らないかという幼い子どもが、ある日突然、「今日、チカンに遭ったよ」と軽く言ってきたとき、どう理解し、対応したらいいのか。さらに言えば、当時の母がもう少し現実の痴漢行為について知っていたとしても、わが子への対応は実に難しいと思う。だが、それを考えておかなくては、またつらい思いをする親子が増えるだけだ。その意味では、母も私も、この問題を覆い隠してきちんと対応してこなかった世間の被害者だと思っている。

本書には、私自身の経験しか書いていない。だが、世の中にはもっともっといろんな被害がある。本書を出版したことをきっかけに、思いもよらない友人・知人たちから自分も実は被害者だと聞かされた。私が被害を受けたのは主に中高生のときだったが、電車通学していた小学生の頃、人生で一番痴漢に遭っていた、という声を聞いた。男性が痴漢被害を受けたという声も何度も聞いた。ある男性は、幼いときに駅のトイレに連れ込まれそうになったけれど、怖くて恥ずかしくて、誰にも信じてもらえないと思って、それ以来ずっと誰にも話してこなかった、と苦しそうに表情を歪めながら話してくれた。もう40年以上も前のことだそうだ。これらはすべて日本での被害だ。被害の実態は、私〝クミ〟が受けた行為よりもさまざまで、声にならぬ声は本当に多い。決して母と娘だけの問題ではないのはあきらかで、父親も息子も実態を知り、対処方法を考えなくてはならない問題なのだ。

現実の一端として、私は自分の実体験を書いた。こんな被害が現実にあると知ることで、母や私、そのほかの家族のようにつらい思いをする人が少しでも減るように。親、学校、そして子どもにも、こんなことが現実に存在すると知っておいてほしい。親としては、無邪気なわが子にこんな内容をあえて教えるのは抵抗があるかもしれない。だが、何も知らなければ私のように被害に遭っても「それ」がいったいなんなのかわからない子もいる。当時12歳でも自分が性的ターゲットになっている事実が信じられなかったのだから、もし小学生のときだったら、さらに戸惑い、理解に時間がかかっていただろう。たとえ親が子どもへの痴漢の存在を知っていたとしても、子どもが自分に何が起こったか理解できず、周囲の大人にうまく説明できなかったら、被害に遭ったことすらうまく伝えられないかもしれない。

今、母がやっと理解してくれたのを知ってから、自問していることがある。ここまでの詳細を書いて渡す以外に、果たして同じ理解を母から得られる方法はあったのだろうか。大学への通学途中、駅員に痴漢を突き出し、被害について警察官に口頭で話したときには、あまりの説明のしづらさに目眩(めまい)がした。「……このあたりを服の上から触られました」と言ったところで、被害者が受けた驚き、人としての基本的な尊厳を踏みにじる卑劣な行為によって侮辱された怒りは何も相手に伝わらず、絶望的な気分を覚えた。何が起きているかをきちんと理解している大人が被害に遭っても、これだけ説明が難しいことなのだ。

被害に遭う可能性がある人と、その身近にいる人が、みんなそれぞれ知識を持っていてほしい。そうでなければ、目に見えにくいが被害者にとてつもないダメージを与え続けるこの犯罪が明るみに出ることはない。被害者だけでなく、まわりも長年にわたって苦しむことになるのだ。

いつか痴漢のいない世界が来ることを信じて。

2019年11月　パリにて

少女だった私に起きた、電車のなかでのすべてについて

2019年12月21日　初版第一刷発行

著者　佐々木くみ
エマニュエル・アルノー

編集協力　小川たまか

編集　安田薫子

発行人　北畠夏影

発行所　株式会社イースト・プレス
〒101-0051 東京都千代田区神田神保町 2-4-7 久月神田ビル
Tel.03-5213-4700 Fax03-5213-4701
https://www.eastpress.co.jp

ISBN:978-4-7816-1821-0